KB265546

2% 차이가 성공을 만든다

2% 차이가
성공을 만든다
ⓒ 강준우, 2012

2012년 2월 23일 1쇄 찍음
2012년 3월 2일 1쇄 펴냄

지은이 | 강준우
펴낸이 | 이태준
기획·편집 | 김진원, 문형숙, 심장원, 이동국, 이연희
디자인 | 이은혜, 최진영
마케팅 | 박상철
관리 | 김수연

인쇄·제본 | 대정인쇄공사
펴낸곳 | 북카라반
출판등록 | 제17-332호 2002년 10월 18일

주소 | (121-839) 서울시 마포구 서교동 392-4 삼양빌딩 2층
전화 | 02-486-0385
팩스 | 02-474-1413

www.inmul.co.kr | cntbooks@gmail.com
ISBN 978-89-91945-41-8 03320

값 11,500원

2% 차이가 성공을 만든다

강준우 지음

북 카라반
CARAVAN

성공한 사람과 실패한 사람은 어떤 차이가 있을까? 나는 성공한 사람들을 보면서 그들은 보통 사람들과 무엇이 다른지, 무엇이 그들로 하여금 성공에 이르게 했는지 늘 생각해 왔다. 과연 성공한 사람과 보통 사람을 구분 짓는 기준은 무엇일까? 이 질문이 내가 책을 쓰게 된 동기다.

사실 성공한 사람이 다 행복한 것은 아니다. 게다가 성공과 행복의 상관관계라든지 어떤 삶이 만족스러운 삶인지 들먹이기 시작하면 인간사의 모든 흥망성쇠가 꼬리에 꼬리를 물고 이어질 터. 애초에 생각한 '성공하는 사람'이라는 관점에서 너무 멀어지고 방대해진다. 그래서 경제적으로 엄청난 부를 쌓았거나 정치·사회적으로 널리 이름을 떨친 명망가를 중심으로 정리했다.

단순하게나마 이렇게 정리할 수 있었던 건 스티브 잡스 덕분이다. 스티브 잡스의 죽음과 그 뒤에 나온 그의 전기 《스티브 잡스》가 많은 것을 느끼게 했다. 전기를 쓴 월터 아이작슨은 또한 잡스가 가장 탁월한 경영자가 아니라 가장 악랄한 경영자일지 모른다고 고백했다. 《스티브 잡스》를 읽으면서 이렇게 고약한 심보와 행동으로 어떻게 그처럼 창조적인 업적을 남길 수 있었을까 하는 의문이 든 건 나뿐만이 아닐 것이다. 그렇지만 나는 책을 다 읽고 나서 잡스와 보통 사람이 어떻게 다른지 그 차이를 더욱 극명하게 깨달았다.

사실 보통 사람과 성공한 사람 사이에 별 차이는 없다. 단지 2퍼센트 정도 차이가 있을 뿐인데, 바로 이 2퍼센트가 전혀 다른 결과를 만든다. 물론 성공하느냐 실패하느냐에 운도 작용할 것이지만 늘 행운만 찾아오는 사람, 불행만 찾아오는 사람은 없다. 행운과 불운은 누구에게나 번갈아 찾아온다. 이 2퍼센트 차이가 행운을 움켜쥐게 만들기도 하고 불운을 받아들이게도 한다.

우리는 성공한 리더들에게서 여러 가지 공통점을 발견할 수 있지만 가장 분명한 것은 그들이 극단적인 '열정'으로 일에 몰두한다는 점이다. 성공한 사람들보다 더 열심히 일한 것 같은데 실패했다고 항변하실 분도 있을 것이다. 그렇다면 정말로 열심히 일하고도 실패하는 건 무엇 때문일까?

내 대답은 이렇다. 바로 2퍼센트가 부족했기 때문이다. 그 2퍼센트는 열정일 수도 있고 환경일 수도 있고 또 다른 무엇일 수도 있다. 독자들이 이 책을 읽으면서 나에게 넘치는 2퍼센트는 무엇이고 모자란 2퍼센트는 무엇인지 스스로 느껴보고 찾아보길 바란다.

우리는 어렸을 때 여러 분야에 걸친 소양과 지식을 쌓아야 할 뿐만 아니라 다양한 학과목을 이수해야 했다. 이른바 전인교육이란 것이다. 여기에 올바른 품성과 인간성까지 갖추라고 교육받았다. 아름답고 좋은 일이다. 그렇지만 성공과 좋은 품성은 별 상관관계가 없다. 물론 좋은 품성이 도움이 될 수도 있지만 걸림돌이 되기도 한다. 너무 극단적인 주장일까? 지금 내가 말하고자 하는 것은 '아름다운 세상'이 아니다. 나는 단지 '성공하는 리더십'에 관해 이야기하고자 한다.

정말 착하고 좋은 사람이 정치를 하면 좋을 텐데 하는 생각은 누구나 한번 쯤 해봤을 것이다. 그러나 그런 사람이 국가 지도자나 글로벌 기업의 최고경영자가 되면 필패한다. 세상은 그렇게 아름답지도 정직하지도 않다. 성직자를 국가 지도자나 기업의 경영자로 세우면 그런 세상을 만들 수 있을까? 그러면 세상이 더 아름다워지고 더 잘 돌아갈까? 그렇지 않다는 사실을 역사가 잘 보여주고 있지 않은가? 고대 제정일치 사회를 보라.

리더란 적당히 도덕적이고, 적당히 비도덕적이어야 한다. 마찬가지로 정직, 신뢰 이런 것도 안티테제Antithese와 적절하게 비무려져야 한다. 구내여 내가 이런 말을 꺼내는 것은 비도덕적이고 품성도 좋지 않은 인간이 어떻게 성공할 수 있었을까 하는 의문에 답하고 싶기 때문이다. 그리고 앞에 말한 2퍼센트가 만들어내는 차이에 대해 설명하고 싶기 때문이다.

인간은 누구든 장점과 단점이 있다. 그런데 사람들은 대체로 자신의 장점을 살리기보다 단점을 고민하고 교정하는 데 많은 시간과 노력을 투자한다. 누구나 학창 시절에 점수가 모자라거나 뒤쳐진 과목의 점수를 높이려 많은 시간을 투자해보지 않았던가? 이런 습관 때문에 우리는 평생 동안 열등한 부분에 더 집착하는 버릇을 고치지 못한다. 요즘 조금씩 바뀌기는 하지만 아직도 우리네 교육 풍토가 그렇다. 한 과목이라도 특출 나면 거기에 집중해서 능력과 소질을 개발해줄 생각은 않고 전체 평균에 맞추려 애쓴다.

성공하는 리더와 보통 사람이 다른 점이 바로 여기에 있다. 성공한 사람은 단점을 보완하기보다는 장점을 극대화한다. 본인의 단점이나 잘 못하는 부분을 개선하는 데는 별 관심이 없지만 잘하는 것에 대해서는 놀라운 집중력을 발휘한다. 즉, 원래는 남들보다 조금 잘할 뿐인 장점을 엄청난 열정과 집중력으로 살려 성공이란 차이를 만들어낸다는 것이다. 그래서 바로 이 2퍼센트가 개인의 인생과 세상을 바꾸어 놓는다.

독자 여러분 또한 자신에게 맞는 2퍼센트를 적극 활용해 성공에 이르기를 바란다.

2012년 2월

강준우

리더의 중요성

눈먼 사람이 눈먼 사람을 인도하면,
둘 다 구덩이에 빠질 것이다.

마태복음 15장 14절

If a blind man leads a blind man,
both will fall into a pit.

Matthew 15:14

이 경구는 리더라는 존재가 얼마나 중요한지를 말한다. 잘못된 리더는 동행자나 조직 전체에 해를 끼칠 뿐만 아니라 심지어는 파멸로 이끈다.

소나무행렬모충나방이라는 곤충이 있다. 이 곤충이 애벌레일 때 특이한 습성을 보여주는데, 먹이를 찾아 나설 때 앞에 있는 벌레의 꽁무니를 물고 일렬종대를 만들어 쫓아간다. 선두에 있는 놈이 먹이를 찾아 이동하면 다른 벌레는 리더가 가는 곳을 그저 따라갈 뿐이다. 그래서 이 벌레는 다섯 마리 이상이 무리를 이루고 다닌다.

이 벌레로 재미있는 실험을 했다. 벌레의 종대가 원을 형성하도록 해 어떤 벌레도 리더 구실을 하지 못하게 했다. 그러고 나서 먹이를 그 원 안에 갖다 놓았다. 그러자 벌레들은 바로 옆에 먹이가 있음에도 찾지 못했다. 대열을 이탈하지 않고 앞에 있는 벌레만 쫓아갔다.

대체로 우리는 조그만 모임이나 조직에서 리더를 뽑을 때 '적당한 사람'이 하면 되겠지 하고 안일하게 생각할 때가 많다. 그래서 자질이 부족하거나 엉뚱한 사람이 리더가 돼 모임이 기우뚱하거나 심지어는 모임 자체가 깨지는 것을 흔하게 볼 수 있다. 하물며 큰 조직이나 국가의 지도자를 잘못 선출하면 어떻게 되겠는가?

역사에서 우리는 왕이 패악하고 무도한 탓에 비참한 처지에 내몰리는 백성들을 숱하게 목격했다. 무능하고 탐욕스러운 경영자 때문에 파산한 회사 또한 무수히 봤다. 회사가 파산하는 바람에 얼마나 많은 직원과 그 가족들이 고통을 겪어야 했는가?

요즘도 우리나라 국영 기업체에서 자격이나 능력이 모자

란 사람을 수장이나 중요 임원으로 임명하는 보은 인사, 낙하산 인사가 많다. 그래서 생기는 부실은 고스란히 국민의 세금으로 메꾸고 있는 형편이다. 자격이 없고 어설픈 사람을 리더로 세우면 반드시 그만한 대가를 치르기 마련이다.

복종

지배를 받아본 사람이 좋은 지도자가 될 수 있다.

속담

No man can be a good ruler,
unless he has first been ruled.

Proverb

복종은 역지사지易地思之다. 복종해본 사람이어야 부하들의 마음을 잘 헤아리고 제대로 이끌어나가는 지도자가 될 수 있다.

군대에서는 낙하산을 타고 내려와서 처음부터 별을 달고 복무하는 일은 없다. 왜 그럴까? 능력 있고 리더십이 있으면 가능한 일이 아닐까? 봉건시대 군대라면 몰라도 현대 군사 조직에서는 절대 있을 수 없는 일이다. 밑에서 복종도 해보고 소규모 집단을 이끌면서 차근차근 과정을 밟아온 사람이 리더로 더 적합하다는 사실을 이미 오래전에 확인했기 때문이다.

1936년 스페인내란이 터지자 세계 각국에서 많은 지식인들이 의용군으로 인민전선을 지원했다. 당시 상황을 조지 오웰은 다음과 같이 말했다.

의용군 체제의 핵심은 '사회적 평등'이었는데 장군에서 사병까지 같은 보수를 받았고, 의복과 음식에 이르기까지 평등 관계를 유지하며 함께 생활했다. 사단을 지휘하는 장군의 등을 툭 치며 담배 한 대 달라고 해도 무방했다. 이들의 규율은 자발적인 것으로 어떤 사람이 명령에 불복종한다고 해서, 그 자리에서 처벌하지는 않았고 우선 동지애의 이름으로 호소했다.

조지 오웰의 증언은 세계 각국에서 지원한 사람들이 이미 나름대로 각 분야에서 복종과 명령을 경험했다는 점을 시사한다. 많은 지원자가 지식인이기도 했지만 다양한 사회 활동을 하면서 복종도 해봤고 지휘도 해봤다. 그래서 나름대로 규율이 성립한 것이다.

요즘도 입대하면 처음에는 훈련소에서 명령에 복종하게

끔 군기를 잡는 데 많은 시간을 들인다. 시간이 지나면서 복종하는 위치에 있는 사람이 명령하는 위치로 올라간다. 이런 순환 과정이 사회를 구성하고 좋은 지도자를 만드는 중요한 요소다.

복종할 줄 아는 사람이 지휘할 줄도 안다.

이런 말을 남긴 솔론은 기원전 600년께 그리스 아테네에서 활약한 시인이자 정치가다. 이른바 '솔론의 개혁' 이라는 개혁을 단행해 사회불안 요인을 개선한 사람이었는데, 놀랍게도 2,600년 전에 인간이 행사하는 리더십의 본질을 제대로 파악하고 있었다.

공포 통치

사랑과 두려움은 함께 존재하기 어려운바,
만약 두 가지 중 하나만 선택해야 한다면
사랑받는 것보다는 두려워하는 대상이 되는 것이
훨씬 더 안전하다.

마키아벨리

Since love and fear can hardly exist together,
if we must choose between them,
it is far safer to be feared than loved.

Niccolò Machiavelli

《군주론》을 쓴 마키아벨리는 1469년에 태어났다. 그가 성장했을 즈음 유럽은 중앙집권적 왕조 국가들이 발전하기 시작했다. 그러나 그의 조국 이탈리아는 수많은 영주령, 교황령 등의 소국으로 분열해 있었다. 급격한 정세에 대처할 리더십이 없는 상태였다.

당시 이탈리아의 도시국가들은 해상무역과 금융업 등으로 경제적인 풍요를 누리고 있었지만 통일되지 못한 국가와 국방을 용병에 의존하는 취약점으로 통치에 어려움이 많았다. 이런 배경으로 마키아벨리는《군주론》에서 자애심 있고 덕이 높은 정치 행위를 요구하지 않았다. 오히려 권력을 획득하려면 나쁜 행위조차도 유효하다고 단언한다.

군주는 그와 같은 악덕에 대한 비난에 상관할 이유가 없다. 악덕이 없이는 자신의 국가를 보존하기 어려울 것이기 때문이다. 따라서 모든 것을 고려해본다면, 미덕으로 보이는 어떤 것은 당신을 파멸로 인도하는 반면 명백히 악덕인 다른 어떤 것은 당신의 안전과 행복을 가져옴을 깨닫게 될 것이다.

즉, 국가나 조직이 안정된 궤도에 올라 있지 않고 혼란스러운 상황이라면 지도자는 덕이나 인간성으로 지휘하기보다는 공포를 조성하는 통치 스타일이 훨씬 효과적이고 능률을 발휘할 수 있다. 물론 안정된 사회나 체제에서는 역작용이 일어날 것이다. 공포나 두려움을 이용하는 리더십은 짧은 기간이나 특수한 상황에서 아주 좋은 효과를 발휘할 수 있으나 체제가 안정되거나 통치 기간이 길 때는 심각한 부작용을 초래한다.

우리는 공포정치를 애용하고 악용하다 비참한 결말을 맞이한 독재자들을 익히 알고 있다. 프랑스혁명을 공포정치로 이어가다 단두대에 오른 로베스피에르, 제2차 세계대전을 일으킨 히틀러, 최근에는 리비아를 42년 동안 철권 통치하다 하루아침에 몰락한 카다피를 보라.

참모

지도자의 능력을 평가하는 첫째 방법은
주변 참모들을 보는 것이다.

마키아벨리

The first method for estimating the intelligence of
a ruler is to look at the men he has around him.

Niccolo Machiavelli

참모를 보면 그 조직의 성격이나 나아갈 길이 보인다. 예
컨대 대통령이 청와대 비서진을 어떻게 구성할지 누구를 장
관으로 뽑을지를 보면 국정 운영 방향이 드러난다. 진보적
인 사람이나 개혁적인 사람을 중용하면 앞으로 정부가 환경
문제에 관해 기업을 더 강력하게 압박할 것임을 짐작할 수
있다. 새로 입각한 국방부 장관이나 외교안보 수석 비서관
을 보면 국방 정책이나 남북 관계가 어떻게 달라질지, 통상

외교부 장관이나 경제 수석을 보면 무역과 산업 정책이 어떻게 전개될지 추측할 수 있다. 이처럼 참모가 어떤 사람인지에 따라 조직의 흥망이 갈린다고 해도 지나친 말은 아닐 것이다.

《삼국지》에 등장하는 손권은 조조나 유비에 견줘 무게감이 떨어지는 인물이었다. 많은 사가들이 유비나 조조를 에이A급 지도자로 평하는데 손권은 그보다 떨어진 비B급 지도자로 평한다. 그렇지만 손권은 오나라를 삼국의 하나로 정립했다. 모자라는 점을 손권은 어떻게 보충했을까? 진수가 쓴《삼국지》를 보면 이렇게 평한다.

나관중의 《삼국지연의》에는 손권에 관한 이야기보다 참모에 관한 이야기가 더 많다. 손권은 형 손책이 죽은 뒤 대권을 이어받았다. 그는 먼저 형을 모신 장소를 사부로 대접했고 주유, 정보, 여범 등에게 군사를 맡기고 널리 인재를 초빙했다. 그래서 노숙과 제갈근(제갈공명의 형) 등을 수하로 거느리

게 된다. 이들과 함께 강동에 기반을 굳힌 손권은 마침내 오나라를 삼국 중 하나로 자리 잡게 하는 대업을 이뤘다. 이 모든 것이 손권의 리더십보다는 참모들의 뛰어난 팀워크가 낳은 결과라 할 수 있다.

삼류 경영자는 자기 능력을 쓰고 이류 경영자는 남의 힘을 쓰고 일류 경영자는 자기 머리를 쓴다.

한비자가 한 말이다. 이 말처럼 좋은 지도자는 훌륭한 인재들을 내세울 뿐만 아니라 잘 활용하기까지 한다.

진심

내가 (국민에게) 드릴 수 있는 것은
피와 노고와 눈물과 땀밖에 없다.

처칠

I have nothing to offer but blood,
toil, tears and sweat.

Winston Churchill

처칠이 이 연설을 한 시점은 제2차 세계대전이 한창인 때로, 이미 폴란드, 덴마크, 노르웨이가 독일군에 점령당하고 네덜란드와 벨기에도 항복한 상태였다. 프랑스에 파병된 영국군마저 고전을 면치 못하고 있었다. 영국의 운명이 암울하고 위태로운 형국이었다. 그러나 이 연설로 처칠은 많은 사람들에게 희망과 용기를 불어넣었다.

엄밀하게 말해서 이 구절에서 특별한 리더십의 정형을

찾을 수는 없다. 그보다는 이 연설의 기법과 국가 지도자가 국민과 소통하는 과정에 주목해야 할 것이다. 누구나 할 수 있는 희생과 노고를 치하하는 말로써 국민을 위로하고 고행의 길을 함께 가자는 공감대를 형성한 것이다. 프로파간다 propaganda로 봐야 할 것이다.

많은 정치 지도자들 가운데 연설을 통치 수단으로 아주 잘 활용한 사람으로는 미국의 32대 대통령 루스벨트를 들 수 있다. 그는 제2차 세계대전 때뿐만 아니라 평소에도 〈노변담화〉라는 라디오 연설을 했다. 이 라디오 프로그램은 사람들에게 대통령이 국민과 함께 호흡하고 있다는 안정감을 줬다. 덕분에 그는 재임 기간 내내 국정 운영을 안정되게 할 수가 있었을 뿐만 아니라 엄청난 인기를 누렸다. 이렇듯 지도자는 조직원들에게 항상 더불어 목표를 향해 나아가고 있다는 사실을 알리고 보여줄 필요가 있다.

물론 이런 연설이 어느 날 갑자기 나오는 것은 아니다. 뛰어난 연설가로 이름을 날린 처칠도 대중 연설을 위해 온갖 책을 읽고 열심히 연설문을 고쳐 쓰고 끊임없이 연습했다. 모름지기 지도자라면 언제 어느 자리에서도 조직원을 감동시킬 수 있는 말 한 마디가 꼭 필요하다. 준비가 부족해 들는 이들에게 지루함을 주거나 말실수를 한다면 차라리 안 하느니만 못하다.

더불어 진정성 또한 중요하다. 현란한 미사여구보다 진정성이 더 중요할 때도 있다. 무엇보다 처칠은 '피', '땀', '눈물' 이 세 단어로 진심을 전달했다는 점이 돋보인다.

화합

진정한 지도자는 화합을 추구하는 사람이 아니라
화합을 만들어내는 사람이다.

마틴 루서 킹

A genuine leader is not a searcher for consensus
but a molder of consensus.

Martin Luther King, Jr.

싱가포르에 가면 치킨 윙chicken wing이라는 음식이 있다.
서울보다 조금 큰 도시국가인 싱가포르는 원래 영국의 식민
지였다. 1963년 말레이시아를 결성했다가 1965년에 완전히
독립했다. 다양한 민족으로 구성돼 있어서 독립 전에는 크
고 작은 종족 분규가 끊이지 않았다.

종족 문제를 해결하고 화합을 이끌어내기 위해 리콴유
총리가 내놓은 정책이 바로 치킨 윙이라는 문화 정책이었

다. 말레이인은 종교적인 이유로 돼지고기를 혐오하고 인도 출신은 소를 신성하게 여긴다. 그래서 여러 민족이 즐길 수 있는 닭고기를 대표 음식으로 발전시켰다. 짜지도 맵지도 달지도 않게 조리한 닭 날개가 국민 화합을 상징하게 된 셈이다.

리콴유는 커지아(客家, 타 지역 출신 한족을 이르는 말로 전란을 피해서 혹은 더 나은 여건을 찾아 중국 대륙 곳곳으로 이주한 사람들이다. 이 중 많은 이들이 동남아 여러 나라에 정착해 강력한 화교 인맥을 형성했다) 출신으로 총리가 된 뒤 자신의 종교나 언어를 자유롭게 선택할 수 있는 다언어, 다종교 정책을 펼쳐 화합을 이끌었다.

일본 사람들이 '경영의 신'으로 존경하는 이나모리 가즈오라는 사람이 있다. 연 매출 150조 원에 이르는 교세라그룹을 창업한 이나모리 가즈오는 경영 철학이나 리더십에 관해서 여러 가지 모범을 보여줬다. 그중에 화합과 관련된 사례를 보자.

1980년대에 일본 기업들이 앞다투어 미국에 진출해 미국 회사를 인수했지만 대부분 실패하고 큰 손해를 봤다. 이때 교세라도 직원이 1만 명 정도인 미국 전자부품 회사 AVX를 인수했다. 그러나 다른 일본 회사처럼 본사에서 경영진을 파견하지 않았다. 문화 등이 다른 미국 임직원들과 긴 시간 토론하는 과정을 거쳐 교세라의 경영 철학을 받아들이게 했다. 그 결과 비약적인 실적을 보여줬다. 이나모리 가즈오 회장의 말이다.

나는 기업 합병이 결혼과 같다고 생각합니다. 마음으로부터 믿을 수 있는 관계를 쌓아 올리는 것이 무엇보다 중요합니다. 그래서 그쪽 경영진을 그대로 놔두고 될 수 있는 대로 빨리 상대방에게 교세라의 사고방식을 진해줘 공유하게 해야겠다고 마음먹었습니다.

입으로만 외치는 화합은 누구나 할 수 있다. 그러나 진정한 지도자라면 어떻게 화합을 이룰 것인지 고민하고 실천해야 한다.

용인술

당신이 당신보다 똑똑한 사람을 고용하는 것은
당신이 그들보다 똑똑하다는 사실을 입증하는 것이다.

R. H. 그랜트

When you have hire people that are smarter
than you are, you prove you are smarter than they are.

R. H. Grant

용인술이야말로 리더십의 핵심이라는 사실을 말해주는 명언이다. 경영은 어떤 의미에선 '사람 장사'라고 해도 지나친 말이 아니다. 사람을 적재적소에 배치하고 그들이 능력을 최대한 발휘할 수 있게끔 하는 게 리더의 능력이다.

《삼국지》에 나오는 조조는 지도자로서 갖춰야 할 자질과 귀감을 보여줬다. 그중에서도 그는 사람을 다루는 용인술의 대가라고 할 수 있다. 기원후 210년 조조는 좋은 인재를 얻기 위해서 구현령求賢令이라는 포고를 내린다.

> 진평과 같이 재능이 있는데도 형수와 간통을 하거나 뇌물을 받았다는 소문 때문에 발탁되지 못한 인재가 있는가? 여러 신료들은 나를 보좌해 재능을 따져서 인재를 선발하라. 나는 중책을 맡기겠노라.

조조는 인격보다 재능에 중심을 둔 인재 채용 방식을 장려했다. 덕을 둘째로 삼은 점이 비판받기도 하지만 능력으로 사람을 평가한 조조의 리더십이야말로 그가 거둔 성공의 밑거름이었다. 천하를 놓고 조조와 맞서 싸운 제갈공명조차 조조를 높이 평가했다. 유비에게 올린 '천하삼분지계'에서 제갈공명은 조조의 승승장구에 관해 다음과 같이 평한다.

> 동탁 이래로 호걸들이 사방에서 일어나 주와 군을 병탄한 것이 헤아릴 수가 없을 정도입니다. 조조는 원소에 견주면 명성도 미미하고 따르는 사람도 적었습니다. 그럼에도 마침내 원소를 이겼습니다. 조조가 약한 처지에 있으면서 강자가 될 수 있었던 것은 단지 하늘이 기회를 줬기 때문일까요, 아니면 그 주위

조조가 성공할 수 있었던 것은 그가 능력 있는 참모를 많이 뒀기 때문이라는 게 제갈공명의 판단이었다.

항우를 물리치고 중국을 통일한 한 고조 유방과 대장군 한신이 용병술에 관한 나눈 대화도 유명하다. 고조가 한신에게 물었다.

"장군이 보기에 나는 얼마나 많은 군사를 움직일 수 있는 장수 같은가?"

"폐하는 한 10만 정도면 딱 맞을 것 같습니다."

"그렇다면 장군은?"

"저야 많으면 많을수록 좋죠."

"그래? 그런데 어째서 장군은 내 밑에 있는 것인가?"

한신이 웃으며 대답했다.

"폐하는 비록 군대의 장수는 될 수 없어도 장수의 장수는 될 수 있습니다. 폐하께서는 장수를 잘 부리십니다."

사람을 부릴 수 있는 능력과 크기는 서로 다를지 몰라도 진정한 리더라면 똑똑하고 능력 있는 인재를 알아보고 그들을 다스릴 수 있어야 한다. 이것이 리더십의 핵심이다.

용기

두려움은 혼자만 간직하고
용기는 다른 사람들과 나누라.

로버트 루이스 스티븐슨

Keep your fears to yourself,
but share your courage with others.

Robert Louis Stevenson

두려움이나 공포는 전염병과 같아서 한 사람이 겁에 질리면 삽시간에 주변으로 퍼져나가는 속성이 있다. 마찬가지로 용기 또한 한 사람보다 여럿이 함께할 때 배가된다.

미국의 흑인 인권운동가 마틴 루서 킹 목사가 신학교에 다닐 때 있었던 일이다. 킹 목사는 기숙사 생활을 했는데 어느 날 방을 같이 쓰는 친구가 킹의 머리에 총을 들이댔다. 킹이 자기 물건을 뒤졌다고 오해한 것이다. 킹은 마음속으로 두려움이 밀려왔지만 침착하게 상대방을 설득해 오해를 풀었다. 너무도 당당한 모습에 그 방 친구는 총을 버렸고 둘은 친한 친구 사이가 됐다. 이후로도 킹 목사는 평생 인권운동을 하면서 살해 위협을 수없이 받았지만 전혀 굴복하지 않고 인종차별에 대항해 불복종운동을 벌인다.

그때까지 흑인들은 백인에 대항할 생각조차 하지 못했는데 마틴 루서 킹의 불복종운동 소식이 미국 전역에 퍼지자 흑인들 사이에 할 수 있다는 희망과 용기가 생겼다. 마틴 루서 킹은 흑인을 하나로 뭉치게 하는 구심점이 됐다. 1964년 마침내 미국 상원에서 인종차별 금지법을 통과시킨다. 마틴 루서 킹 목사는 이런 말을 남겼다.

이 일을 하며 저는 많은 위협을 받았습니다. 집에서 폭탄이 터지기도 하고 감옥에도 많이 갇혔죠. 그렇지만 그 무엇도 제 용기를 꺾을 순 없었습니다. 진정 용기 있는 사람은 어떤 어려움도 이겨낼 수 있는 것입니다.

실제로 용기를 낸다는 것은 쉬운 일이 아니다. 어느 학자가 태평양전쟁 때 미군이 어떻게 전투를 수행했는지 조사했는데 결과가 놀랍다. 미군의 70~80퍼센트가 총을 제대로 쏘지 못했다는 것이다. 병사들은 대부분 참호 속에 처박혀서 전투에 참가하는 것을 회피했다. 외려 더 위험한 전령을 자원하는 등 딴짓을 더 많이 한 것으로 드러났다.

미국 남북전쟁에서도 마찬가지였다. 유명한 게티즈버그 전투가 끝나고 버려진 소총 3만여 정을 수거해 분석한 결과 약 90퍼센트가 격발 흔적조차 없었다고 한다.

물론 사람을 쏴 죽이는 행위 자체를 도덕적이나 심리적인 방어기제로 회피했을지도 모르지만, 그럼에도 전쟁에 참가한 병사로서는 죽기 살기로 전투에 참여하는 것이 가장 훌륭한 용기일 텐데 말이다.

고난과 역경 속에서 조직원들을 북돋아주고 용기를 나눠줄 수 있는 사람이 진정 훌륭한 지도자일 것이다.

결단

결정해야 할 순간에서 최선은 옳은 결정을 내리는 것이고,
차선은 잘못된 결정을 내리는 것이다.
최악은 아무런 결정도 내리지 않는 것이다.

시어도어 루스벨트

In any moment of decision,
the best thing you can do is the right thing,
the next best thing is the wrong thing,
and the worst thing you can do is nothing.

Theodore Roosevelt

기원전 49년 1월 갈리아 총독 율리우스 카이사르가 루비콘 강을 건넌다.

카이사르는 로마의 영웅이었다. 거친 갈리아를 정복하고 바다 건너 브리타니아를 침공해 로마의 영토로 만들었다. 이즈음 로마를 움직이는 건 카이사르, 크라수스, 폼페이우스를 중심으로 한 삼두정치 체제였는데, 크라수스가 죽자 원로원은 폼페이우스와 결탁한다. 그리고 카이사르를 로마로 소환한다는 '원로원 최종 권고'를 결의한다. 이 굴욕적인 권고를 카이사르가 거부하면 로마는 내전을 피할 수 없다. 받아들이면 카이사르가 생각해온 강력한 통치 체제는 물거품이 된다.

카이사르는 로마를 사랑하고 로마의 국법을 잘 지켜온 로마 시민이었다. 게다가 루비콘 강을 건넘으로써 벌어질 내전과 그 피해를 익히 잘 알고 있었다. 그가 어렸을 때 로마는 두 차례에 걸쳐 내전을 경험했기 때문에 얼마나 많은 살육이 있을지는 불을 보듯 뻔했다.

운명을 가를 루비콘 강 앞에 서서 카이사르가 참모와 병사들에게 말한다.

이미 엎질러진 물이다. 이 강을 건너면 인간 세계가 비참해지고, 건너지 않으면 내가 파멸한다. 나아가자, 신들이 기다리는 곳으로. 우리의 명예를 더럽히는 적이 기다리는 곳으로. 주사위는 던져졌다.

결국 카이사르는 로마를 장악한다. 종신 독재관이 돼 수많은 개혁을 실시한다.

우리 현대사에서도 지도자가 결단을 내리지 못해 역사가 바뀐 일이 있다. 1961년 5월 16일에 일어난 5·16쿠데타는 사실상 드러내놓고 한 엉터리 쿠데타였다. 쿠데타 세력은 쿠데타를 '박정희의 대담무쌍', '확고한 소신', '웅대한 비전' 등으로 미화하지만 사실 쿠데타가 성공한 것 자체가 신기할 정도로 허술하기 이를 데 없었다.

1960년 취임한 장면 총리는 총리 재임 기간 동안 10여 차례나 쿠데타 정보를 받았다. 그것도 매우 구체적인 정보였다. 그때마다 장면은 미국 타령을 했다. 미군이 주둔하고 있는데 어떻게 쿠데타가 일어나겠느냐는 말이었다.

그러나 정작 쿠데타가 일어나자 장면은 잠적해버렸다. 장면의 운전기사만 장면의 행방을 묻는 군인들에게 얻어터졌다. 그때까지만 하더라도 쿠데타를 진압할 기회가 있었지만 장면은 카르멜 수녀원에 숨어서 아무런 대응도 하지 못했다. 측근들이 장면을 만나게 해달라고 해도 수녀원 쪽은 장면이 없다고 잡아뗄 뿐이었다. 측근과 연락해보라고 수녀들이 얘기하면 장면은 나직하게 천주님만 불렀다고 한다.

그때 장면 총리가 결단을 내렸다면 우리 현대사는 어떻게 흘러갔을까?

모름지기 지도자라면 결정적인 순간이 왔을 때 최선을 선택해 결단을 내릴 줄 알아야 한다. 그리고 그 결단은 빠르면 빠를수록, 분명하면 분명할수록 좋다.

침묵

아예 말을 하지 않으면
그 말을 설명해달라는 요청을 받지 않을 겁니다.

캘빈 쿨리지

If you don't say anything,
you won't be called on to repeat it.

Calvin Coolidge

이 말은 미국 제30대 대통령 캘빈 쿨리지가 후임 대통령 허버트 후버에게 준 조언이다. 쿨리지는 '조용한 캘Silent Cal' 이라는 별명으로 통했지만 실은 말이 많은 사람이었다. 공식적인 자리에서만 일부러 말을 하지 않았던 것뿐이다. 그는 "우리 인생에서 모든 문제의 5분의 4는 단지 우리가 가만히 앉아 침묵만 한다면 저절로 해결된다"라는 명언도 남겼다. 그런 쿨리지를 한 역사가는 "아무 일도 하지 않는 것을 예술의 경지로 끌어올렸다”고 꼬집었다.

미국 제29대 대통령 워런 하딩이 갑자기 심장마비로 사망하면서 부통령인 캘빈 쿨리지가 대통령직을 인수받았다. 하딩 대통령의 행정부는 미국 역사상 가장 부패한 정권으로 알려져 있다. 하딩이 알래스카 유세를 마치고 워싱턴으로 돌아오던 중 상원 조사위원회에서 석유 굴착권을 팔아넘긴 국무부 장관의 부패 스캔들인 ‘티포트돔 스캔들’을 폭로했다는 소식을 듣고 심장마비를 일으켜 사망했는데 하딩 대통령 부인의 부검 거부로 정확한 사인이 밝혀지지 않았다.

이런 배경 속에서 대통령에 취임한 쿨리지는 많은 실언 때문에 바보 취급을 당했다. 그에 관한 악의적인 농담들이 많이 떠돌아다녔다. 예컨대, 쿨리지는 실업과 관련해 “점점 더 많은 사람들이 일자리에서 쫓겨날 때 실업은 발생한다”라고 말했다. 이에 언론은 “기도하지 않는 사람은 기도하는 사람이 아니다”라는 유머 기사를 작성할 정도였다.

이뿐이 아니다. 청각장애인 교사로 일한 그의 부인에게 “청각장애인들에게 듣는 법을 가르쳤는데 이제는 벙어리를 말하도록 해야 할 것 같다”라는 농담까지 했다. 아마도 이런 그의 실언이나 언론의 비호의적인 기사 때문에 더욱 침묵을

지켰는지도 모르겠다. 어쩌면 무능을 감추기 위한 수단으로 활용했을 수도 있다.

사실 침묵은 여러 가지로 효과를 볼 수도 있다. "침묵하라. 그러면 사람들은 당신을 철학자로 생각할 것이다"라는 서양 속담처럼 다른 사람들에게 저 사람이 무슨 생각을 하고 있을까 궁금해하는 상황을 만들기도 한다.

리더는 자신이 비전이나 어떤 문제에 대해 확실한 대응 카드가 없을 때 침묵으로 대처하며 자신의 모자라는 것을 감추거나 상황을 반전시킬 시간을 벌 수도 있다. 그렇지만 그 시간이 길어지면 결국 능력이 없다는 사실을 사람들은 깨닫는다. 상황에 따라 침묵하든지 발언하든지 적절하게 판단해야 할 것이다.

변화 1

진보는 변화 없이는 불가능하다.
스스로 바뀌지 않는 사람은 아무것도 바꿀 수 없다.

버나드 쇼

Progress is impossible without change: those who can't
change their minds can't change anything.

George Bernard Shaw

현대 기업에서 가장 변화에 잘 대처하고 적응한 기업으로 애플을 들 수 있다. 시가총액과 영업이익 부문에서 애플은 정보 기술IT 업계 강자 구글과 마이크로소프트를 진작에 넘어섰을 뿐만 아니라 현재는 석유화학 회사 엑슨모빌을 꺾고 시가총액 1위를 달리고 있다.

애플의 가장 핵심적인 전략은 '혁신적인 모방' 에 있다. 이미 존재하는 것에 변화를 주고 장점을 결합시킨 상품을 출시함으로써 정보 기술을 선도하고 있다. 애플은 서로 분리된 영역을 창조적으로 연결한다. 특히 하드웨어(컴퓨터)와 소프트웨어를 결합해 혁신적인 모방과 변화를 추구해왔다.

1976년에 애플은 세계 최초로 개인용 컴퓨터를 내놓으면서 깜짝 데뷔를 하지만 그 뒤로는 쭉 고전한다. 그러다 2000년을 전후해서 모바일로 이동, 변화하는 세상에 적극 대응한다. 독특한 디자인과 인터넷으로 특화한 아이맥으로 새롭게 도약할 기반을 다진 다음 엠피스리mp3 플레이어 아이포드를 출시해 사업 영역을 확장한다.

애플은 단순히 mp3 플레이어를 생산하는 데 멈추지 않고 아이튠스 스토어로 음악 콘텐츠 사업까지 아우른다. 이어서 아이폰과 아이패드로 하드웨어·소프트웨어·콘텐츠를 결합하는 모델을 제시하면서 엄청나게 성장한다. 이처럼 애플은 현실에 안주하지 않고 늘 소비자의 욕망을 들여다보고 그보다 한 걸음 앞서 변화해왔다.

애플의 최고경영자 스티브 잡스는 리더십에 관련해 여러 가지 장점과 단점을 보여줬다. 완벽주의, 사람과 첨단 문화 자체를 압도하는 카리스마와 통찰력, 신제품을 직접 소개하고 시연하는 연예 감각까지 한두 가지가 아니다. 그렇지만 그 무엇보다도 빛나는 건 그 자신이 끊임없이 변화하고자 하는 욕구로 충만했다는 점이다.

자신이 남보다 앞서 첨단 기기를 통한 유행의 길을 걸으면서 늘 변화를 모색해온 사람이 바로 스티브 잡스다. 처음에는 하드웨어와 소프트웨어의 결합으로 소비자의 마음을 사로잡고, 이후에는 멋진 디자인으로 소비자의 시선을 잡고, 다음에는 인터페이스로 소비자들을 현혹해 중독에 빠뜨린다. 그 결과 소비자는 '애플빠'가 된다.

스티브 잡스는 췌장암 진단을 받고도 신제품과 미래 기술 문화에 관한 사업을 직접 준비했다. 2011년 6월 6일 애플은 초대형 서버를 이용한 '아이클라우드'라는 서비스를 제시하며 개인용 컴퓨터의 퇴장을 예고했다. 무선 디바이스가 돌아가는 환경에서는 시간과 장소에 구애받지 않고 첨단 기술과 컨텐츠를 이용할 수 있다는 개념을 제시한 것이다. 물론 이 개념을 처음 제시한 사람이 스티브 잡스는 아니다. 그렇지만 그는 늘 변화하기를 주저하지 않았고 애플이 변화의 중심에 서기를 원했다.

우리는 최고의 자리에 올라 보수화되고 새로운 변화에 주저하다 실기한 사람이나 기업을 많이 봐왔다. 이에 반해 스티브 잡스는 현실에 안주하지 않고 늘 새로운 것을 모색해왔다. 즉, 세상을 이끌어가는 힘인 변화를 몸소 보여준 리더십의 전형적인 사례라고 할 수 있다.

변화 2

이 승리 자체가 우리가 추구하는 변화는 아닙니다.
승리는 우리가 변화를 이뤄낼 수 있는 기회일 뿐입니다.
만약 우리가 구태의연하다면 변화는 일어날 수 없습니다.
여러분이 없이는 변화가 불가능합니다.

버락 오바마

This victory alone is not the change we seek.
It is only the chance for us to make that change.
And that cannot happen if we go back
to the way things were. It cannot happen without you.

Barack Obama

도박의 도시 라스베가스는 한동안 도박하는 사람이 줄어
들면서 큰 고전을 면치 못하기도 했다. 그러나 호텔마다 더
많은 방과 스파, 레스토랑을 만들고 공연, 컨벤션 등에 대한
비중을 높여 엔터테인먼트화해 위기를 돌파했다. 변화하는

세상에 변화로 맞서서 위기를 극복한 것이다. 그중에서도 특히 세계 최대 카지노 호텔 그룹인 시저스 엔터테인먼트는 한동안 MGM 카지노 호텔에 밀렸으나 몇 년 전부터 다시 업계 1위에 올라섰다.

시저스 그룹의 개리 러브맨 회장은 하버드대 경영대학원 교수로 재직하며 수년 동안 해라스 호텔 그룹의 컨설팅을 해왔다(2010년에 회사 이름을 해라스에서 시저스로 바꾼다). 해라스 그룹의 창립자와 함께한 저녁 자리에서 같이 일하자는 제의를 받고 1998년 해라스의 최고운영책임자COO로 옮긴다. 2003년에는 최고경영자CEO가 됐다.

러브맨은 하버드대 경영대학원 시절 연구한 고객 관리 이론을 해라스 그룹에 도입했다. 이 이론을 적용한 프로그램이 바로 '토털 리워즈' 다. 러브맨은 카지노 고객들에게 마그네틱 카드를 지급하고 고객이 게임할 때마다 카드에 모든 기록을 담았다. 카지노를 자주 찾거나 게임을 많이 할수록 인센티브를 주는 이 서비스로 해라스는 MGM을 물리치고 세계 최고의 카지노 호텔 그룹으로 성장할 수 있는 발판을 마련했다. 지금은 동네 슈퍼에서도 쓰이는 아주 단순한 적립 카드와 비슷한 것이지만 이 조그만 변화가 일등을 만든 것이다.

개리 러브맨은 해라스에서 다음과 같은 실험을 했다. 무료 숙박에 스테이크 저녁 식사 두 번, 카지노 칩 30달러어치 제공 등이 포함된 125달러짜리 패키지 상품과 카지노 칩 60달러어치 제공 상품 중 어느 쪽이 더 많은 매출을 올릴 수 있는지 손님을 두 그룹으로 나눠 실험했다. 그 결과 60달러어치 칩을 제공하는 상품이 훨씬 더 많은 매출을 올리는 것으로 나타났다.

회사로서는 원가 개념에서 별 차이가 없지만 소비자들이 원하는 것은 다를 수 있다. 말 그대로 사소한 변화지만 그 변화가 많은 것을 이루어내는 것이다. 변화하지 않고는 경쟁에서 이기기 힘들다.

티핑 포인트

당신 주변을 돌아보라.
움직일 수 없는 무자비한 곳으로 보일지도 모른다.
그러나 그렇지 않다. 적소適所를 찾아
조금만 힘을 실어주면 일순간에 바뀔 수 있다.

말콤 글래드웰

Look at the world around you.
It may seem like an immovable, implacable place.
It is not. With the slightest push
-in just the right place-it can be tipped.

Malcolm Gladwell

'티핑 포인트' 는 2005년에 노벨 경제학상을 받은 토머스 셸링의 '티핑Tipping 이론' 에 나오는 개념이다. 이 낱말은 '갑자기 뒤집히는 점' 이란 뜻으로, 때로는 예기치 못한 작은 일에서 엄청난 변화가 시작될 수 있고 그 변화가 대단히 급속

하게 발생할 수 있다는 의미로 사용된다.

원래 이 말은 미국 북동부 도시에 살던 백인들이 교외로 탈주하는 현상을 기술하기 위해 1970년대에 사용된 표현이다. 사회학자들은 어떤 지역에 이주해오는 아프리카계 미국인의 숫자가 어느 특정한 지점, 즉 20퍼센트에 이르면 그 지역 사회에 살고 있던 거의 모든 백인들이 한순간에 떠나버리는 현상을 관찰했다. 우리나라에서는 영국 출신으로 미국에서 저널리스트로 활동하고 있는 말콤 글래드웰이 2000년에 발표한 저서 《티핑 포인트》를 통해 주목받았다.

티핑 포인트는 베스트셀러나 어떤 사회적 신드롬의 전염성을 설명하는 데 유효한 개념이지만, 리더십에 관련해서도 이 개념에 주목할 필요가 있다. 끊임없이 떨어지는 물방울 하나로 거대한 암반이 깨질 때 또는 컵에 물이 가득 차고 마지막 한 방울로 넘칠 때 이런 상태를 티핑 포인트라 설명할 수 있다. 아주 견고해 난공불락인 성채도 어느 한순간에 무너질 수 있고 도저히 변할 것 같지 않은 사회체제도 일순간에 뒤집히기도 한다.

대단히 단단하고 절대로 무너질 것 같지 않던 동서 냉전 체제였지만, 1989년 베를린장벽의 붕괴가 1991년 소련의 해체와 동유럽의 분열로 이어지면서 해체됐다. 베를린장벽은 동베를린과 서베를린을 가로지르는 높이 5미터, 전체 길이 165.7킬로미터에 이르는 시멘트 담이었다. 28년 동안 동독 사람 23만여 명이 땅굴을 파거나 기구를 타고 서독으로 탈출했다. 물론 그동안 1,245명이 죽을 정도로 악명 높은 장벽이었다. 이렇게 무시무시한 베를린장벽의 붕괴를 촉발한 건 1989년 라이프치히에서 동독 사람들이 여행 자유화를 요구하며 시작한 시위였다.

여행 자유화 시위는 동독 지도부에 혼선을 줬다. 동독 공산당 정치국원이자 선전 담당 비서인 귄터 샤보브스키에게 외신 기자들이 벌떼처럼 몰려들어 여행 자유화에 관한 질문을 쏟아냈다. "언제 발효되는가?", "동베를린에도 적용되는가?"라는 질문에 샤보브스키는 당황해 들고 간 문서를 정신없이 뒤적였다. 그리고 즉석에서 답변을 짜낸다는 게 ^(동서독 간의 여행 자유화는) 즉시 발효된다"라고 말실수를 한 것이다. 귀를 쫑긋 세운 기자들은 발표 내용이 국경 개방을 뜻하고 그것도 즉시 효력이 발생하는 것으로 이해했다.

그날 밤 베를린장벽 주변은 인산인해를 이뤘다. 몰려드는 사람들 때문에 동독 국경 수비대는 당황했다. 사전 지침을 받지 못했기 때문이다. 당황스러운 사태는 황당한 결과를 낳고 말았다. 발포해서라도 인파를 해산해야 하는지를 놓고 저희끼리 옥신각신하다가 검문 절차 없이 국경을 개방해버린 것이다.

사실 제2차 세계대전 이후 소련을 중심으로 뭉친 공산주의 체제는 아주 강력한 동맹 체제였다. 도저히 깨질 것 같지 않았다. 역사적으로도 어떻게 그렇게 쉽게 무너질 수 있는지 상상하지 못할 정도로 허무하게 망해버린 강대국이 많았다.

여기서 리더는 두 가지 측면을 생각해야 한다. 우선 경영 상태도 좋고 탄탄한 회사라도 언제 어느 때 뜻하지 않은 사건이나 실수로 회사 자체가 붕괴할 수도 있다는 가능성을 생각하고 대비해야 한다는 것. 둘째, 도저히 거래하지 못할 거 같은 회사나 국가와도 파트너가 될 수 있고, 전혀 상상치 못한 제품이나 아이디어가 대박으로 이어질 수 있다는 것이다.

즉, 리더는 오랫동안 축적된 사회 현상이나 흐름을 잘 파악해야 한다. 그러다보면 물방울이 거대한 바위를 뚫듯이 전환점을 맞이하는 티핑 포인트를 포착할 수 있고 만들어낼 수도 있다.

커뮤니케이션

모든 경영 문제의 60퍼센트는
부실하거나 잘못된 커뮤니케이션의 결과다.

피터 드러커

Sixty percent of all management problems are
the result of poor or faulty communication.

Peter Drucker

1981년 미국의 세계적인 기업 GM과 GE는 로저 스미스와 잭 웰치를 신임 회장으로 맞는다. 둘은 취임하자마자 대대적인 혁신을 추진한다. GE 회장 잭 웰치는 10년에 걸쳐서 20만 명이 넘는 직원을 해고했고, GM 회장 로저 스미스는 8만 명가량을 해고한다. 비용을 줄이고 조직을 가볍게 해 경쟁력을 강화하는 게 목적이었다.

그러나 10년이 지난 후 평가는 엇갈린다. 잭 웰치는 GE

를 살리는 데 성공해 훌륭한 경영자로 꼽힌다. 그에 관한 책이 수백 권 나올 정도로 GE 혁신은 혁신의 모범 사례로 사람들 입에 오르내린다. 반면에 로저 스미스는 GM 역사상 최초로 적자를 기록하는 등 여러 가지 불명예를 남기고 퇴임했다. 비슷한 시기에 비슷한 처방을 했는데 왜 결과가 달리 나왔을까? 둘의 차이는 무엇이었을까?

다양한 분석과 진단이 나왔으나 가장 중요한 것은 커뮤니케이션의 차이였다. 로저 스미스는 직원들과 커뮤니케이션에 충실치 못했다. 따라올 사람은 따라오라는 식으로 종업원들의 사기와 마음에 상처를 줬다. 그러나 잭 웰치는 수시로 종업원들과 접촉하면서 자신이 추진하는 혁신의 불가피성과 목표를 분명하게 설명하고 설득했다. 회사의 비전을 공유해 위기를 극복한 것이다.

많은 지도자들이 회사의 사정이라든지 목표를 조직원들이 알 것이라고 짐작한다. 더욱이 큰 조직일수록 직원 한 명 한 명을 마치 큰 기계에 얽힌 부품인 양 대수롭지 않게 생각하고 대화에 소홀할 수가 있다. '내가 말한다고 너희가 자세하게 알겠어? 그냥 시키는 대로 따라와' 라는 식으로 생각할 수 있다는 말이다.

그렇지만 제아무리 큰 기계나 비행기, 우주선도 전선이나 나사처럼 작은 부품 때문에 고장이 나고 작동하지 않을 수 있다. 조직도 마찬가지다. 당장은 별 것 아닌 것 같은 하찮은 부서나 인원도 제대로 운영되지 못하면 언젠가는 조직 전체에 치명적인 결과를 가져오게 된다.

리더는 늘 조직원들에게 우리가 당면해 있는 문제가 무엇이고 이것을 극복하기 위해서 어떤 일을 어떻게 해나가고 있는지 설명해줘야 한다. 또 목표를 달성하면 결과는 어떨지 비전을 제시하고 목표를 이루기 위해 감수해야 할 희생에 대해서도 알아듣게 설득해야 한다.

권한 위임

정녕 성공적인 리더가 되고자 한다면,
자신의 주변에 다른 리더들을 키워야 한다.
그들과 더불어 팀을 꾸려야 한다.

If you really want to be a successful leader,
you must develop other leaders around you.
You must establish a team.

구약성서 〈출애굽기〉를 보면 모세가 모든 일을 혼자서 하다가 많은 어려움을 겪는다. 물론 모세는 위대한 일을 했다. 이스라엘 민족을 이집트 파라오에게서 구출하고 그들에게 홍해를 가르는 신의 기적을 체험케 했다. 그들을 하느님이 약속한 땅으로 인도했다.

그러나 오랜 세월을 광야에서 방황하게 되는데 그때까지

도 모세는 장정만 60만 명이나 되는 대민족의 큰일에서부터 잡다한 문제에 이르기까지 모든 일을 혼자 처리했다. 이 모습을 본 모세의 장인 이드로가 모세에게 천 명을 관리할 천부장과 이하 백부장, 오십부장, 십부장을 뽑아 각기 백성을 재판하고 다스리도록 권한다. 모세가 장인의 충고대로 하니 백성과 모세 모두 평안해졌다.

즉, 믿을 만한 사람을 찾아 일을 분담하라는 중요한 지혜를 제시한 것이다. 이 세상 모든 일을 혼자서 할 수 없다. 특히 큰일을 할 때는 더욱 여러 사람이 함께하는 팀워크가 중요하다.

처음 하느님이 모세에게 이스라엘 민족을 이끄는 책무를 주자 모세는 하느님께 자신은 언변이 없다고 변명한다. 모세가 보낼 만한 사람을 보내라고 자꾸 회피하자 드디어 하느님은 모세를 꾸짖는다.

레위 사람인 너의 형 아론이 있지 않느냐? 나는 그가 말을 잘하는 줄 안다. …… 그가 너를 대신하여 백성에게 말을 할 것이다. 그는 너의 말을 대신 전달할 것이요, 너는 그에게 하나님같이 될 것이다.

그 뒤로 아론은 모세의 대언자가 돼 백성을 잘 이끈다. 특히 이스라엘 백성과 아말렉 족속 사이에 전쟁이 났을 때 이들은 함께 전쟁을 승리로 이끌었다. 모세가 산꼭대기에서 손을 들면 이스라엘이 이기고 손을 내리면 아말렉이 이겼다. 모세가 점점 피곤해져 팔이 내려오려 하자 아론은 돌을 가져다 모세를 앉히고 훌과 양쪽에서 모세의 손을 붙잡았다. 해가 질 때까지 모세의 손이 내려오지 않아 이스라엘이 승리한다. 모세와 아론은 동생과 형의 사이지만 하느님의 사역을 감당할 때는 사적인 감정과 혈육을 떠나 훌륭한 협력자였다.

이처럼 훌륭한 리더는 주변에 또 다른 훌륭한 리더를 만들고 더불어 좋은 팀을 만들 줄 아는 사람이다.

이익

그게 미국식입니다.
만약 어린 아이들이 나처럼 돈을 버는 걸 꿈꾸지 않는다면
이 나라의 좋은 점이 도대체 뭐란 말입니까?
아이들에게 롤 모델을 제시해줘야 할 게 아니냐고요. 안 그래요?

리 아이어코카

That's the American way.
If little kids don't aspire to make money like I did,
what the hell good is this country?
You gotta give'em a role model, right?

Lee Iacocca

1987년 4월, 미국 자동차 회사 크라이슬러의 회장 리 아이어코카가 1986년 연봉으로 2060만 달러를 받았다는 사실이 밝혀지면서 구설수에 올랐다. 그는 다 죽어가는 크라이슬러를 살리자고 미국인들의 애국심에 호소하면서 자신은 연봉 1달러만 받는다고 강조해왔기 때문이다. 위선적일 뿐만 아니라 사기라고 욕을 먹을 수도 있는 중대 사안이었다.

아이어코카는 기자회견을 열고 위와 같이 솔직하게, 아니 뻔뻔하게 치고 나갔다. 이상하게도 미국 대중은 아이어코카의 그런 뻔뻔함을 좋아했다. 그래서 아이어코카는 이 스캔들을 무사히 넘겼다. 심지어 1988년 대선에서 민주당 대통령 후보로까지 거론되는 등 인기가 꺾이지 않았다. 만약 아이어코카가 사과했다면 어떻게 됐을까? 리더에겐 때론 '뻔뻔함'도 힘이 되는 법이다.

중국 전국시대 말기에 법가 사상을 집대성한 한비자는 인간관계를 이익에 따라 움직이는 것으로 보고 다음과 같이 말했다.

뱀장어는 뱀과 비슷하고 누에는 나방의 어린 벌레와 닮았다. 뱀장어를 보면서 누구나 놀라고 애벌레를 보면서 징그러워한다. 그러나 어부는 손으로 뱀장어를 잡고 누에를 치는 여자는 손으로 누에를 잡는다. 이익이 된다고 생각하면 누구나 용감해지는 것이다.

이런 말도 했다.

이렇듯 사람이 세상을 살아가고 일을 추진하는 동력으로 돈은 참으로 중요하고 강력한 동기다. '돈이면 귀신도 부린다', '돈이 양반이다' 라는 속담이 있듯이 돈으로 많은 사람들이 따르게 할 수 있다. 그래서 오늘 이 시간에도 사람들은 돈을 추구하면서도, 돈에 관해서 쓸데없이 체면을 차리거나 위선적으로 행동하는 사람들에게 더 공분을 일으키는지 모르겠다.

일본 소프트뱅크의 회장인 손정의가 한 강연에서 자기 아버지 이야기를 꺼냈다. 어느 날 아버지가 손정의에게 100

만 달러를 꿔달라고 했단다. 인도에다 성장 가능성이 큰 회
사를 차리고 싶다는 것이었다. 손정의 회장은 "이래서 아버
지를 존경한다"라고 했다.

관료주의

관료 조직이 커질수록 일종의 근친상간 관계에
굴복할 가능성이 높아진다. 중간 경영층은
자신들의 존재를 정당화하는 데 시간을 바치면서
외부 세계에 대한 감각을 잃는 게 그 증상이다.

워런 베니스

The bigger any bureaucracy becomes,
the more it is apt to yield to a kind of incestuous
relationship with itself, with middle management
devoting its time to justifying its existence to itself
and losing touch with the outside world.

Warren G. Bennis

1961년 4월 11일 이스라엘 예루살렘에서 나치 친위대 장교였던 카를 아돌프 아이히만에 대한 전범 재판이 열렸다. 그는 제2차 세계대전 때 유대인 수백만 명을 학살한 혐의를 받고 있었다. 1945년 독일이 패망하자 아르헨티나로 도망쳐 이름을 바꾸고 숨어 살았지만, 이스라엘 비밀 조직인 모사드의 끈질긴 추적은 피하지 못했다. 1960년 아르헨티나에서 이스라엘로 비밀리에 압송돼 재판을 받고 1962년 교수형에 처해졌다.

당시 《뉴요커》의 특파원 자격으로 이 재판을 취재한 미국의 유대인 정치학자 한나 아렌트는 《예루살렘의 아이히만》이라는 책을 출간해 논쟁을 불러일으켰다. 아렌트는 악의 화신으로 여겨진 아이히만이 외려 평범한 가장이며 자신의 직무에 충실한 모범적 시민이었다고 주장해 많은 사람들을 곤혹스럽게 만들었다.

이 책에서 아렌트는 '악의 평범성'이라는 개념을 제시했다. 아이히만이 유대인 말살이라는 반인륜적 범죄를 저지른 것은 그가 악마적인 성격을 타고났기 때문이 아니라 아무런 생각 없이 자신의 직무를 수행하는 '사고력 결여' 때문이라는 분석이었다.

아렌트가 보기에 아이히만은 평소엔 매우 '착한' 사람이었으며 개인적인 인간관계에서도 매우 '도덕적'인 사람이었다. 그는 자신이 저지른 일의 수행 과정에서 어떤 잘못도 느끼지 못했고 오히려 자신이 받은 명령을 수행하지 않았다면 아마 양심의 가책을 느꼈을 것이라고 했다. 아이히만은 학살을 저지를 당시 법적 효력이 있는 히틀러의 명령을 성실히 수행한 사람이었다는 것이다.

즉, 아이히만이 변명한 것처럼 기술적인 일을 성실히 수행한다는 대답은 오늘도 숱하게 듣는다. 미국의 저술가 닐 포스트먼은 "(이런 말은) 미국에서만 하루에 5,000번 이상 나올 것이다. 내 결정의 인간적인 결과에 대해서는 아무런 책임이 없고 담당자는 관료주의의 효율성을 위해 맡은 역할에 대해서만 책임을 질 뿐이며 이는 어떤 희생을 치르더라도 계속되어야 한다는 것이다"라고 말한다.

심리학자 에리히 프롬은 아이히만의 문제는 우리 모두의 문제라고 말한다.

'관료주의적 인간'의 문제를 제기한다. 관료주의적 방법은 인간을 물건처럼 다루고, 수량화와 통제를 더욱 쉽고 값싸게 하려고 한다고 하였다. 또 '이런 관료주의는 단지 관리들에게만 있는 것이 아니라 그것은 의사, 간호사, 교사, 교수 등 많은 인간관계에 살아 있다.

우리는 자신이 몸담고 있는 조직을 너무 사랑한 나머지 조직의 불의와 부정을 외면하는 노예로 전락할 수도 있다. 관료주의 체제에서는 아직도 많은 아이히만이 있다. 다만 다른 점은 수천수만 명을 직접 죽이지 않았을 뿐이다.

홀로서기

지도자의 진정한 자질은
홀로 설 수 있느냐 여부에 달려 있다.
모름지기 지도자는 비전과 커뮤니케이션 능력뿐만 아니라
굳은 결의를 갖춰야 한다.

로리 베스 존스

Perhaps the true mark of a leader is
that she or he is willing to stand alone.
Leaders must have not only vision
and communication skills
but also tremendous personal resolve.

Laurie Beth Jones

요즘 반기문 리더십이 각광받고 있다. 2011년 6월 21일 반기문 유엔 사무총장의 연임이 192개 회원국 전체의 추천과 만장일치로 확정됐다. 그러나 2007년 취임 초기 반 총장은 많은 구설에 시달렸다. 그를 믿지 못하겠다는 목소리 또한 높았다.

반기문 한국 외교부 장관이 유엔 사무총장에 당선한 배경에는 이라크전쟁과 노무현 정부가 있었다. 미국은 9·11 테러 이후 '대테러 전쟁'을 벌이면서 이라크전쟁을 유엔의 동의를 얻고 시작하려 했으나 안보리 상임이사국들을 비롯해 많은 나라가 반대했다. 결국 미국은 유엔 동의를 얻지 못하고 2003년 3월 20일 이라크를 침공한다.

그 뒤로 미국과 유엔 그리고 제3세계 국가 사이에 갈등이 일어나는데, 이 소용돌이 가운데 한국의 노무현 대통령이 미국의 패권 논리에 도전하는 발언을 하면서 제3세계 국가들이 한국을 주목하기 시작한다. 이 무렵 한국의 국력은 신장세였고 각국이 평화를 위한 분쟁 조정 능력이라는 측면에서도 분단국 출신인 반기문의 등장을 호의적으로 봤다.

더불어 미국은 한국과 동맹 관계라는 측면에서 반기문 후보를 암중 지지했고, 중국이나 아프리카, 아시아권 국가들은 아시아권을 대표하는 주자로 받아들였다. 여타 국가들도 자기 이해관계가 얽혀 있는 역학 구조하에서 반기문 후보를 좋게 여겨 반기문 유엔 사무총장이 탄생할 수 있었다.

그럼에도 초기에 반기문 총장의 리더십은 많은 홍역을

치렀다. 우선 유엔의 개혁을 원하는 사람이나 국가의 목소리에 호응해 내부 개혁을 시도했지만 조직 내 저항 세력이 만만치 않았다. 오랫동안 미디어 홍보를 관리하며 영향력을 행사해오던 사무처 관리를 내보내는 과정에서 혹독한 신고식을 치렀다.

게다가 유별난 인간관계를 자랑하는 한인 사회에서 반 총장을 이런저런 모임에 초대하려고 했다. 그를 내버려두지 않자 여기저기서 부정적인 말들이 터져 나왔다. 유엔 총장이지 한국 총장이냐는 것이었다. 중국의 인권 문제에 관해서 소극적이라는 비판도 제기됐다.

그럼에도 반기문 총장은 순서를 정해 차근차근 접근했다. 서서히 내부 개혁에도 성과를 낼 수 있었고 재난 지역과 분쟁 지역을 방문하는 등 적극적인 모습을 보여줬다. 2007년 11월에는 유엔 사무총장으로는 처음으로 남극을 방문해 지구온난화 문제를 직접 확인하고, 2011년 3월에는 아랍권 여러 나라를 다니며 민주화를 외치는 시민들의 안전을 지키려고 노력했다. 이런 노력이 성과를 보여 인권에 소극적이라는 딱지도 떼었고 중국이나 러시아, 북한으로부터도 그의 '공정함'을 인정받아 연임에 성공한 것이다.

　반기문 총장을 보면 역시 지도자는 당면한 문제에 적극적이고 단호하게 대처해야 할 뿐만 아니라 그 결의가 얼마나 굳건한지 분명하게 보여주는 것이 중요하다는 사실을 새삼 일깨워준다.

경청

우리는 청각적으로 잘 듣기 위해 훈련을 할 필요는 없지만
내용을 이해할 수 있게끔 잘 듣기 위해선 훈련이 필요하다.
'히어링'과 '리스닝'을 구분해야 할 이유다.

캐럴 로치

The importance of distinguishing between hearing
and listening is that we don't need training to hear well,
but we do need training to listen well.

Carol A. Roach

다른 사람들보다 더 기발한 생각이 있고 더 똑똑하고 더 경험 있고 더 창의적인 사람들이 있기 마련이다. 그럼에도 모든 이들의 말을 경청하고 존중해야 한다.

경청과 관련해서는 많은 명언과 속담이 있고 그 중요성은 제아무리 강조해도 지나치지 않다. 다만 말로는 쉬우나 어떻게 경청하고 이후에 어떻게 대처하느냐가 더 중요하다.

단순히 듣기만 하는 것은 인내심만 있으면 된다. 그러면 문제가 해결될까?

이와 관련해 세계적인 리더십 전문가인 워런 베니스 교수가 해준 이야기를 들어보자. 스타벅스의 창립자인 하워드 슐츠는 스타벅스의 일본 진출을 앞두고 사내외의 심한 반대에 부딪혔다. 외부 컨설팅 회사조차 일본은 다도 문화가 발달한 나라이기 때문에 종이컵을 사용하는 커피 문화가 자리 잡기 힘들 것이라는 보고서를 제출했다. 내부적으로도 폭발적인 인기에 맞춰 미국 내 체인점 확장을 위해 해외 진출을 자제해야 한다는 목소리가 높았다.

슐츠는 직원들의 부정적인 의견에 화가 나서 회의 도중 회의장을 나와버린다. 그리고 나서 베니스 교수에게 전화를 걸어 일본 진출을 포기해야 하는지 밀어붙여야 하는지 조언을 구했다. 베니스 교수는 슐츠에게 일단 회의실로 돌아가 직원들이 우려하는 사항, 불만, 전망 등에 관해서 진지하게 들어보고 본인의 비전을 차분하게 설명하라고 했다. 슐츠는 베니스 교수가 시키는 대로 했다. 결국 스타벅스는 일본 진출을 결정했다.

2000년에 일본 경제의 거품 붕괴로 소프트뱅크는 기업

가치가 100분의 1로 쪼그라들었다. 최고경영자 손정의의 개인 재산은 700억 달러에서 10억 달러로 줄어들었고, 주주들은 난리가 났다. 그런 분위기에서 새롭게 초고속 인터넷 사업을 시작하려고 주주총회를 열었으니 주주들이 비난을 쏟아내는 건 당연했다. 그럼에도 손정의는 시간을 이유로 그들의 말을 끊거나 방해하지 않았다. 무려 6시간 동안 질문을 받고 직접 답했다. 그러자 주주들은 감동해 그를 믿게 되었고, 손정의가 원하는 대로 새로운 사업에 투자할 수 있었다.

즉, 남의 이야기를 잘 들어주는 것 자체가 그 무엇보다도 훌륭한 설득이라는 것이다. 남의 가치를 인정하고 존중하는 것이 경청의 밑바탕에 있어야 한다. 그냥 건성으로 듣는 것은 무의미한 짓이다. 남의 말을 듣지 않는 것은 실패의 지름길일 뿐이다. "입보다는 귀로 더 많은 친구를 사귈 수 있다"는 말에 귀 기울여야 할 것이다.

기회

성공에 반드시 필요한 기회가
늘 우리 자신이나 부모에게서 오는 것은 아니다.
그것은 우리가 살고 있는 시대에서 온다.
역사가 우리에게 보여주는 특정한 시간과 공간 속의
특별한 기회에서 오는 것이다.

말콤 글래드웰

The sense of possibility so necessary for success
comes not just from inside us or from our parents.
It comes from our time;
from the particular opportunities that
our particular place in history presents us with.

Malcolm Gladwell

저널리스트 말콤 글래드웰이 《아웃라이어》에서 내린 결론이다. '아웃라이어outlier'는 '본체에서 분리되거나 따로 분류돼 있는 물건' 또는 '표본 중 다른 대상들과 확연히 구분

되는 통계적 관측치'를 말한다. 각 분야에서 큰 성공을 거둔 탁월한 사람들을 가리키는 말로 보면 되겠다.

우리는 아웃라이어의 성공을 그들의 타고난 재능으로 돌리는 경향이 있다. 《아웃라이어》는 이런 상식에 이의를 제기한 책이다. "그들의 역사를 구분 짓는 진정한 요소는 그들이 지닌 탁월한 재능이 아니라 그들이 누린 특별한 기회다"라는 게 글래드웰의 주장이다.

예컨대, 인류 역사상 가장 부유한 75인의 명단엔 19세기 중반에 태어난 미국인이 열네 명이나 포함돼 있다. 우리도 이름을 잘 아는 존 D. 록펠러(1839년생), 앤드루 카네기(1835년생), J. P. 모건(1837년생) 등 열네 명은 모두 1830년대에 태어났다.

왜 그럴까? 글래드웰은 1860년대와 1870년대에 미국 경제가 역사상 가장 큰 변화를 겪었다는 사실에 주목할 필요가 있다고 설명한다. 그 시기에 철도가 건설되기 시작했고 월스트리트가 태어났다. 전통적인 경제를 지배하던 규칙이 무너지고 새로운 규칙이 만들어졌다. 만약 누군가가 1840년대 후반에 태어났다면 그는 이 시기의 이점을 누리기엔 너무 어리고 반대로 1820년대에 태어났다면 너무 나이가 많다.

컴퓨터 혁명의 역사에서 가장 중요한 해는 1975년이다.

이 혁명의 수혜자가 되려면 1950년대 중반에 태어나 이십대 초반에 이른 사람이 가장 이상적이다. 실제로 미국 정보 통신 혁명을 이끈 거물들은 거의 대부분 그 시기에 태어났다. 빌 게이츠, 스티브 잡스, 에릭 슈미트 등은 1955년생이며 다른 거물들도 1953년에서 1956년 사이에 태어났다.

역사에는 가정이 불필요하다는 말이 있다. 그럼에도 우리는 과거에 이랬다면 어떻게 됐을지 상상해본다. 특히 과거 역사에서 훌륭한 위인들이 현대에 생존해 있다면 어떻게 됐을지, 근대의 영웅이 고대에서는 어땠을지 이렇게 저렇게 가정해보지만 단언컨대 당시의 훌륭함을 뛰어넘지는 못할 것이다. 물론 기본적인 장점이 있어서 성공할 확률이 보통 사람들보다 높겠지만 실패한 인생이 되거나 보통 인생이 될 가능성도 있다.

흔히 '영웅은 때를 만나야 한다' 라는 말이 있다. 즉, 그 시기, 당대가 원하는 인물상이나 환경을 잘 파악해야 한다는 말이다. 고대 장수들이 강력한 힘을 갖고 전쟁에 나가서 적군을 물리쳐 영웅으로 왕으로 등극한 예나 절개를 지키기 위해서 혹은 가문이나 국가의 명예를 위해서 목숨을 초개와 같이 버렸던 미녀들의 이야기는 요즘 세상에는 찾아보기 힘들뿐더러 상황 설정이 맞질 않는다.

지금은 육체적으로 힘이 좋으면 스포츠 스타를 꿈꾸어야 할 것이고 미모가 있으면 연예계를 생각해봐야 할 것이다. 현 시대가 요구하는 인물의 경향은 어떤 것이고 세상이 어떻게 돌아가는지를 잘 파악해서 대처해야 성공할 수 있다.

사랑

리더십은 추구의 대상이 아니다.
리더십은 다른 사람들이 주는 것이다.

진 월크스

Leadership is not something you pursue.
Leadership is something others give to you.

C. Gene Wilkes

'섬김 리더십servant leadership'의 핵심 원리라 할 수 있다. 섬김은 조종이나 자기 홍보를 목적으로 해서는 안 된다. 섬김의 동력은 사랑이어야 한다.

예수는 인류 역사상 가장 뛰어난 리더다. 예수는 열두 제자를 3년 반 동안 가르쳐 그들이 자신을 위해서 죽음조차도 기쁨으로 맞이하게 만들었다. 과연 무엇이 그렇게 만들었을까? 예수는 무지하고 보잘것없는 제자들의 발을 씻기고 그들과 같은 식탁에서 밥을 먹었다. 또 유대인들이 혐오하는 세리인 삭개오를 처음 만났을 때에도 스스럼없이 그의 집에 머무르겠다고 했다. 삭개오에게는 말할 수 없는 영광이고 기쁨이었을 것이다.

베드로가 예수를 지키기 위해 말고라는 사람의 귀를 칼로 잘랐을 때도 예수는 베드로가 잡혀가지 않도록 하기 위해 말고의 귀를 즉각 고쳐줬다. 베드로가 예수를 세 번이나 부인한 나약하고 겁 많은 제자였음에도 부활과 복음을 전할 기회를 줬다. 또 막달라 마리아는 일곱 귀신에 붙잡힌 여인으로 유대 사회에서는 부도덕하고 정결치 못한 여인이었음에도 귀신을 쫓아내고 자신을 따르게 했다.

즉, 예수는 전혀 신뢰할 수 없는 제자들을 신뢰했고 말로만이 아니라 자신의 삶을 본보기로 사랑과 섬김의 리더십을 보여줬다. 그 당시 유대 사회에서 천대받거나 버림받은 인물들을 대상으로 베풀고 가르쳤던 것이다.

예수의 능력이라면 더 유능하고 훌륭한 인물을 제자로 둘 수도 있건만 왜 그랬을까? 그 비밀은 사랑과 섬김의 리더십에 있다. 다른 무엇보다 사랑은 부족하고 모자란 제자들을 변화시키고 불가능할 것 같았던 사역을 담당케 했다. 열두 제자는 예수의 가르침을 오늘날까지 그리고 전 인류에 전했다.

오늘 이 시간에도 많은 사람들이 강력한 리더를 꿈꾸며 무엇인가를 계획하고 준비한다. 그렇지만 그 어떤 리더십도 타인을 사랑하고 섬기는 참마음을 쫓아가지는 못한다.

더하기 리더십

나는 진정한 리더십이 더하기를 하는 과정이지
나누기하는 행동은 아니라고 믿습니다.
나는 이 나라의 한 부분을 공격하지 않을 것입니다.
이 나라 전체를 이끌고 싶기 때문입니다.

조지 W. 부시

I believe true leadership is a process of addition,
not an act of division. I will not attack a part of
this country, because I want to lead the whole of it.

George W. Bush

2000년 8월 3일 필라델피아에서 열린 공화당 전당대회에서 조지 W. 부시가 공화당 대통령 후보로 뽑혔다. 그는 수락 연설에서 이렇게 말했다. 비록 부시 본인은 제43대 대통령으로 재직하면서 '나누기 리더십'을 행사했다고 비난받았지만, 말만큼은 백번 옳은 말이다.

대체로 우리는 1+1=2로 계산한다. 그렇지만 어떤 일을 하다보면 1+1이 2가 아니라 10이나 100 이상 효과를 가져오기도 한다.

제1차 세계대전 때까지만 해도 전투기끼리 벌이는 공중전에서는 목표물인 상대기가 반경 2.5미터 안에 들어와야만 격추시킬 확률이 있었다. 그런데 독일의 한 공군 장교가 새로운 사격 기술을 창안한다. 비행기 두 대가 동시에 집중사격을 가하면 표적이 대략 250미터 거리에 있어도 격추시킬 수 있는 사격술이었다. 이 사격술은 확률을 100배 정도 높였다.

이 전술로 독일 공군은 영국 공군을 초토화했고 이 전술을 받아들인 미군도 태평양전쟁에서 일본 전투기를 250대 격추시킬 동안 16대만 피해를 입는 전과를 올렸다.

마찬가지로 20세기 초에는 기관총을 일직선으로 사격하는 것보다 전투 지역의 양 끝에 배치한 다음 대각선으로 교차해 사격하는 것이 살상력을 수십 배 높이는 효과가 있다는 사실을 알았다. 이 사격술은 지금도 보병 전술에 기본 사항으로 적용되고 있다.

인간관계도 마찬가지다. 헬렌 켈러는 보지도, 듣지도, 말하지도 못하는 장애인이었지만 앤 설리반이라는 훌륭한 선생을 만나 장애를 극복하고 레드 클리프대에 입학했다. 그 뒤로 장애인을 위해 헌신하고 사회운동가로서 큰 업적을 남겼다. 헬렌 켈러와 앤 설리반의 만남은 단순히 '1+1' 의 등식이 아니었다. 장애인 수천만, 수억 명에게 희망과 복음을 전해줬다. 이처럼 일과 사람의 관계에서 조그마한 더하기 과정이 엄청난 시너지 효과를 발휘하기도 한다.

학습

리더십과 배움은 서로 뗄 수 없는 관계다.

존 F. 케네디

Leadership and learning are
indispensable to each other.

John F. Kennedy

리더는 늘 배우고 공부해야 한다. 어떤 분야든지 리더는 그 분야의 전문가가 돼야 한다. 아는 것이 없이 그 분야의 사업이나 정책을 수행할 수 없고 부하 직원을 이끌 수 없다. 그렇지만 그 배움이나 공부가 한때이거나 벼락치기여서는 이루어지지 않는다. 오랜 시간 끊임없이 학습해야 한다.

앞서 소개한 《아웃라이어》를 보면 어떤 분야에서 성공하려면 1만 시간은 투자해야 한다는 말이 나온다. 전문가가 되기 위해서는 최소한 1만 시간 이상 시간을 투자해야 한다는 말이지만 다르게 생각하면 누구나 1만 시간을 투자하면 전문가가 될 수 있다는 이야기도 된다. 이렇듯 노력이나 배움이 없이는 성공할 수 있는 분야는 없다. 어느 날 갑자기 능력 있는 리더가 만들어지는 것은 아니다. 공부하고 배우는 데 꾸준하게 투자하는 사람이 진정한 리더인 셈이다.

중국의 국부 쑨원은 그 자신이 저항 정신으로 충만한 인물이었지만 공부하지 않고 체계가 잡히지 않은 저항 정신은 폭력배로 전락할 가능성이 크다고 봤다. 하와이 유학 중엔 영문법에서 전교 2등을 차지하기도 하고 귀국한 뒤로는 의학을 공부했다. 의학이 인간을 고난에서 구원할 것이라 생각했기 때문이다. 그렇지만 1894년에 그는 '의술로 사람을 구제하는 것보다 혁명으로 빈사의 중국을 소생시키는 게 선결문제'라고 생각을 바꿔 혁명가의 길을 선택한다.

그는 혁명 자금을 모으고 거사를 계획하는 데 일생을 바쳤지만 늘 책을 손에서 놓지 않았다. 중국 혁명에 도움이 될 찰스 다윈의 진화론, 프랑스혁명 등을 공부했다. 1897년에는 약 반년 동안 런던에 체류하며 집중적으로 공부해 그 유명한 삼민주의의 기초를 다진다.

18세기 바이올린의 명연주자 파블로 드 사라사테는 〈치고이너바이젠〉이라는 연주곡으로 유명하다. 이 집시풍 연주곡은 바이올린으로 할 수 있는 온갖 기교가 다 포함돼 있어서 너무 난해하다는 평도 받았다. 사라사테가 이 곡을 연주하고 나자 사람들은 그를 천재라고 칭송했다. 사라사테는 이렇게 대답했다.

저는 천재가 아닙니다. 37년 동안 하루도 빠지지 않고 14시간씩 연습했을 뿐입니다.

인류의 많은 지도자들과 천재들은 배우려고 노력함으로써 자기 자신만의 지도력과 재능을 발휘할 기회를 누렸다.

인간 본성

인간 본성에 대한 지식이 정치적 교육의 전부다.

헨리 브룩스 애덤스

Knowledge of human nature is the beginning
and end of political education.

Henry Brooks Adams

유사 이래로 많은 학자와 성인들이 인간의 품성에 대해 논하고 평가해왔다. 익히 알고 있듯이 순자는 인간의 본성이 악하다는 성악설을, 맹자는 그 반대로 인간의 본성이 선하다는 성선설을 주장했다. 그렇지만 인간을 이렇게 무 자르듯 명쾌하게 구분하고 재단할 수 있으면 얼마나 편하고 좋겠는가?

사람들의 품성이나 성격을 몇 가지 유형으로 나눠 평가하는 것만큼 어리석은 일은 없는 듯하다. 각양각색이란 말이 있다. 사람 천 명이 있으면 천 가지 유형이 나올 수 있다. 그것을 몇 가지 유형이나 틀에 맞춰 마름질하면 오류가 생길 수밖에 없다.

우리는 재미 삼아 혈액형으로 사람의 성격을 판단하는데 얼추 맞는 것 같으면서도 많은 예외가 발생한다. 또 어떤 사람들은 특정 지역 사람들을 놓고 '원래 그쪽 동네 사람들은 그래' 하면서 편견에 사로잡혀 곱지 않은 시선을 보내고 차별하기도 한다.

그렇지만 인간의 품성이라는 것은 그렇게 단순하게 다룰 수 있는 문제가 아니다. 타고난 품성과 자라난 환경의 영향, 교육을 받은 정도, 그 외에 여러 가지 요소들을 조합하면 수백억, 수천억에 이르는 순열이 나온다. 그만큼 인간이 복잡하고 쉽게 판단할 수 없는 존재라는 뜻이다.

리더는 이런 인간의 본성을 잘 파악해 적절하게 대처하고 활용할 수 있어야 한다. 이미 현대 교육은 인문학, 예술, 자연과학 등 모든 분야에 걸쳐서 인간에 대한 탐구와 연결돼 있다. 예컨대 광고 한 편을 만들더라도 인간의 심리와 욕구 등 여러 가지 상황을 감안해서 제작한다. 하물며 큰 조직이나 국가를 경영할 리더는 이런 인간의 본성에 대해서 잘 파악하고 있어야 한다. 인간의 품성이나 본성에 대해서 판단할 수 있는 잣대는 현대의 모든 교육에서 직간접적으로 실행하고 있는바, 리더에게는 부단한 교육이 필요한 이유이기도 하다.

책임

책임을 즐기는 사람은 책임자의 자리를 얻지만,
단지 권한 행사만 좋아하는 사람은 권한을 잃기 마련이다.

말콤 스티븐슨 포브스

A man who enjoys responsibility usually gets it.
A man who merely likes exercising authority usually loses it.

Malcolm Stevenson Forbes

미국에서 발행된 《육군항공》이라는 책에 눈여겨 볼 만한 이야기가 나온다. 부임한 지 얼마 되지 않은 편대장이 부대장에게서 메시지를 받았다.

"귀관은 어제 저녁 장교클럽에서 지나치게 술을 마셨다고 하는데 다시는 그런 일이 없도록 하라."

그러나 그 편대장은 그날 밤 장교클럽에 얼씬도 하지 않았다. 무엇인가 착오가 있겠지 하며 대수롭지 않게 생각했다. 그런데 며칠 뒤 부대장에게서 다시 메시지를 받았다.

"귀관은 또 과음했다. 이것은 마지막 경고다."

편대장은 당혹스러웠다. 그냥 지나칠 문제가 아니라 생각해서 부대장을 찾아가 해명했다. 조용히 듣던 부대장이 말했다.

"자네는 술을 마시지도 않았고 개인적으론 책임이 없네. 그렇지만 자네는 편대장으로서 부하들의 모든 행동에 책임을 져야 하는 자리에 있네. 편대장인 자네는 장교클럽에서 술을 마신 일이 없지만 자네 편대원 중에 누군가가 술을 마셨다네. 결국 자네 책임 아닌가?"

리더의 자리란 그런 것이다. 자기가 직접적인 관련이 없어도, 조직원 한 사람 한 사람의 행동이 리더의 책임이라는 것이다.

제2차 세계대전 때 노르망디 상륙작전을 준비하던 아이젠하워 사령관은 상륙작전의 성공과 실패에 대비해서 연설문을 두 개 준비했다. 작전이 성공해 알려지지 않은 다른 연설문 내용은 다음과 같다.

지휘관의 잘못입니다. 모든 것은 지휘관의 책임입니다.

인간이 사회생활을 영위할 수 있었던 중요한 핵심 요인 중 하나가 책임이다. 가장으로서 져야 할 책임, 회사 중간 관리자로서 져야 할 책임, 회사 사장으로서, 대통령으로서 맡아야 할 책임 등 인간이 사회를 구성해서 각자가 맡은 일과 책임을 수행함으로 사회체제를 유지해왔다. 그 책임을 지지 않으려 한다면 인간 사회의 기본 구조틀이 깨질 수밖에 없다. 조직이 크면 클수록 권한을 행사할 수 있는 힘도 커지고 그에 비례해서 책임도 커지는 법이다.

우리가 일반적으로 책임을 말할 때 '법률적 책임'만 말하는데 진정한 리더는 '도덕적 책임' 뿐만 아니라 '포괄적 책임'까지 져야 할 것이다.

동기 부여

소를 강가로 끌고 갈 수 있지만 물을 마시게 할 수는 없다. 그만큼 원하지 않는 일은 시키기 힘들다. 많은 사람들이 그저 월급 때문에 마지못해 직장 생활을 한다. 하기 싫지만 윗사람이 시키니까 그저 '잘리고 싶지 않아서' 하는 셈이다.

하기 싫은 일을 어떻게 하면 하게끔 할 수 있을까? 물리력이나 각종 불이익 등으로 강제하면 어느 정도 통제는 가능하다. 그렇지만 네거티브한 방법으로 조직을 이끌 수는 없을뿐더러 성과를 기대하기는 힘들다. 가장 좋은 방법이 동기 유발이다. 동기를 유발하는 방법으로는 여러 가지가 있을 수 있다. 높은 연봉, 칭찬, 격려, 안정성 등 다양한 요소가 있지만 그래도 뭔가 부족하다.

머슬로우라는 사회학자는 인간의 욕구 단계를 체계화해 실제적으로 어떻게 동기 유발에 영향을 끼치는지 정리했다. 1단계는 의식주 문제를 해결하고자 하는 생리적 욕구, 그다음 단계로는 보수, 복지, 안정성 등과 같은 안전에 대한 욕구, 다음 단계는 타인과의 관계에서 소속감을 느끼고 존경받고 싶어 하는 자존의 욕구로 정리했다.

인간은 어떤 단계의 욕구가 해결되면 더 높은 것을 요구하기 마련이다. 상황에 따라서 성취감, 인정, 일에 대한 도전, 책임, 성장과 계발과 같은 요소를 잘 활용해야 한다. 조직원이 어떤 상황에 처해 있으며 무엇을 원하는지 파악하고 필요한 요소를 제시해야 하는 것이다. 그러기 위해서는 항상 조직원을 존중하고 흥미를 유발해야 한다.

나폴레옹은 늘 전투 전에 휘하 부대원들 순시하고 격전을 앞둔 병사들을 격려했다. 그가 가는 곳마다 병사들이 모여들었고 나폴레옹은 농담을 건네며 그들의 충성심에 경의를 표했다. 부하들을 존중하고 자존감을 부여한 것이다.

제2차 세계대전 때 영국의 몽고메리 장군도 동기 부여를 중요하게 여겼다. 1942년 8월 몽고메리 장군이 영국 제8군에 새 사령관으로 부임한다. 영국 제8군은 아프리카 대륙에서 사막의 여우라 불리는 독일 롬멜 장군에 패해 괴멸 직전까지 몰린 상태였다. 몽고메리 장군은 부임하자마자 전임 사령관이 세운 후퇴 계획을 폐기했다. 그리고 패배 의식에 빠진 부대의 사기를 북돋웠다. 물론 병사와 장비를 보충하는 것도 잊지 않았다.

1942년 10월 엘 알라메인 전투에 앞서 몽고메리 장군은 장병들을 모아놓고 이렇게 연설했다.

지금 막 시작되려는 전투는 인류 역사상 가장 의미 있는 전투가 될 것이다. 이번 전투가 세계대전의 승패를 가를 것이다. 우리 모두 인류의 정의를 위해 최선을 다하자.

엘 알라메인 전투에서 승리한 영국군은 아프리카를 완전히 장악한다.

몽고메리 장군은 패잔병이나 다름없는 군대를 두 달 만

에 정예병으로 탈바꿈시켰다. 무엇보다도 그는 병사들에게 그들이 지금 얼마나 중요한 역사의 장에 서 있는지, 얼마나 위대한 과업에 참여하고 있는지 알려줌으로써 동기를 부여했던 것이다.

집단 사고

당신 생각이 맞을 수도 있고 틀릴 수도 있지만,
대통령은 이미 결심했습니다.
그러니 더는 왈가왈부하지 마세요.
지금은 대통령을 돕기 위해 모든 사람들이
각자 할 수 있는 최선을 다해야 할 때입니다.

로보트 케네디

You may be right or you may be wrong,
but the President has made his mind up.
Don't push it any further. Now is the time for
everyone to help him all they can.

Robert Kennedy

이 말은 쿠바 피그스 만 침공 작전 직전에 케네디 대통령의 동생이자 법무부 장관인 로버트 케네디가 이 작전에 반대한 대통령 고문 아서 슐레진저를 따로 불러 한 말이다. 어느 조직에서건 조직의 우두머리에겐 몸을 보호하는 보디가

드뿐만 아니라 심기를 보호하는 마인드가드mindguard가 따로 있기 마련인데, 바로 로버트 케네디가 마인드가드 노릇을 한 셈이다.

'집단 사고groupthink' 개념을 제시한 예일대학의 심리학자인 어빙 재니스는 이런 마인드가드를 지도자로 하여금 잘못된 결정을 내리고 그걸 밀어붙이게 만드는 주요 요인이라고 짚었다. 그렇다. 모든 리더는 자신의 마인드가드를 경계해야 한다. 충성이 독약이 될 수 있다.

1961년 4월 소련이 인류 최초로 유리 가가린을 우주로 보내는 데 성공한다. 이는 미국보다 10개월이 앞선 기록이었다. 이 때문에 미국인의 자존심은 구겨질 대로 구겨졌다. 케네디 정부가 자존심을 만회할 필요를 느끼고 부랴부랴 감행한 것이 피그스 만 작전이다.

1961년 4월 17일 훈련도 제대로 받지 못하고 장비도 허술한 쿠바인 1,400여 명이 쿠바 카스트로 정권을 전복하기 위해 쿠바 피그스 만 해안에 상륙한다. 그러나 상륙 이틀 만에 침공대원 114명이 죽고 1,189명은 포로로 잡힌다. 이들은 1년 반 뒤에 미국이 쿠바에 5300만 달러어치 식량과 의약품을 제공하는 조건으로 풀려난다. 이 밖에도 미국은 보급선

두 척과 공군 조종사 네 명을 잃었다. 피그스 만 침공은 케네디 정부의 최대 과오로 남았다.

더 큰 손실은 전 세계에서 미국의 명예와 궁지가 바닥으로 추락했다는 사실이다. 참담한 실패 뒤 케네디는 "내가 어쩌다 그렇게 어리석은 계획을 추진했을까"라고 한탄했다.

어빙 재니스는 집단 사고라는 개념으로 낙관론에 집단적으로 눈이 멀어버리는 현상을 설명한다.

정책 결정 집단 내부의 구성원들 사이에 호감과 단결심이 크면 클수록, 독립적인 비판적 사고가 집단 사고에 대체될 위험성도 그만큼 커진다. 그리고 이런 집단 사고는 집단 외부를 향해 비합리적이고 비인간적인 행동을 취하게 만든다.

미국에서 추진된 집단 사고의 대표적인 예로는 피그스 만 침공 사건 외에도 존슨 행정부의 베트남전쟁 정책, 닉슨 행정부의 워터게이트 사건 등이 꼽힌다.

집단 사고는 집단 구성원에게 따돌림당할 가능성에 대한 우려 혹은 보상에 대한 기대로 의심을 억누르면서 나타나는 것이다. 이처럼 리더는 늘 만장일치에 경계해야 한다.

신뢰

신뢰는 리더십의 기초다.

존 캘빈 맥스웰

Trust is the foundation of leadership.

John Calvin Maxwell

리더십을 연구하는 학자들이 중요한 리더십 덕목으로 여덟 가지를 꼽았다. 그 내용을 덜 중요한 것부터 거꾸로 보면 다음과 같다.

여덟째 덕목은 지식(Intelligent, 38퍼센트), 일곱째 덕목은 이해심(Broad-mindness, 41퍼센트)이었고 여섯째 덕목은 배려·사려·지원 협동(Supportive, 46퍼센트)이었다. 다섯째 덕목은 공평(Fare-mindness, 49퍼센트), 넷째 덕목은 능력(Competency, 58퍼센트), 셋째 덕목은 영감·힘(Inspiration, 63퍼센트)이었다. 둘째 덕목은 비전 제시(Vision, 71퍼센트)였다. 가장 중요한 덕목은 무엇이었을까? 리더가 갖추어야 할 가장 중요한 덕목으로는 정직(Honesty, 83퍼센트)이 뽑혔다. 즉, 정직한 리더라면 서로 신뢰할 수 있는 관계를 맺어야 한다는 의미다.

리더가 하는 일이라면 팥으로 메주를 쑨다 해도 믿는 조직만큼 무서운 조직도 없다. 신뢰감이라는 것은 리더의 정직함을 바탕으로 만들어지는 것이다. 리더의 정직함에 대해 우리는 당연하고 중요한 요소라고 생각하지만 이를 가볍게 여기는 경향이 없지 않다. 리더십을 연구하는 여러 학자들이 그 어느 것보다 1순위로 꼽았다는 것에 대해 다시금 생각해봐야 한다. 아니, 반드시 명심해야 한다.

혁신

성공적인 경영 혁신은 유행하는 아이디어를
그대로 받아들인 회사가 아니라
대체로 자기 실정에 맞게 고쳐 쓴 회사에서 나왔다.

니틴 노리아 · 제임스 버클리

Many successful management innovations
have come from companies that have adapted,
not adopted, popular ideas.

Nitin Nohria & James D. Berkley

니틴 노리아와 제임스 버클리는 미국의 리더십 전문가들이다. 이들은 위와 같은 사례로 일본의 품질관리 기법을 회사 실정에 잘 맞게 고쳐 써 성공을 거둔 GE의 회장 잭 웰치를 들었다. 잭 웰치의 경영 혁신 사례로는 여러 가지가 있지만 무엇보다 '차별화' 전략을 꼽을 수 있다. 먼저 사업을 강한 사업 분야와 약한 사업 분야를 구분해 약한 것은 퇴출시킨다. 잭 웰치는 이런 식으로 설명한다.

> 시장에서 1등이 재채기를 하면 4, 5등은 독감에 걸린다. 또 1등
> 은 자기 운명을 스스로 통제할 수 있다.

사람에 대해서는 인재를 A, B, C등급으로 나눠 A급 인재
는 최고로 대우해주고 C급은 가차 없이 내보낸다. 이런 일
을 한두 차례에 걸쳐서 한 게 아니라 꾸준하게 수행한다.

> 경영자들 가운데 C급 인재를 B급 인재로 만들려고 애쓰려는
> 사람들이 많다. 그렇지만 그것은 헛수고에 지나지 않는다. C급
> 인재는 B급이나 C급 회사로 보내야 한다. 그런 곳에서는 그들
> 도 인정받을 수 있다. 하루라도 빨리 그들을 내보내는 것이 진
> 정으로 회사를 위하는 것이다.

미국 만화 출판계에서 1, 2위를 다투는 DC코믹스에 짐
리라는 한국계 공동 발행인이 있다. 그는 최근 '디시 리부트
DC REBOOT' 라는 프로젝트로 미국 만화계를 발칵 뒤집어놓았
고, 미국 만화 출판계에서 최고의 영향력을 지닌 사람으로

평가받고 있다.

2010년 여름에 발행된 《저스티스 리그》라는 만화의 1편이 첫날 20만 부가 팔려나가 품절됐다. 이 만화는 유행이 지난 슈퍼 히어로들이 모두 등장해서 악을 무찌른다는 내용이다. 이미 오래전에 한물간 슈퍼맨, 배트맨, 원더우먼 같은 만화 주인공들을 새롭게 구성해 내놓은 것이다. 기존 캐릭터에서 의상을 바꾸고 젊게 그렸고 등장인물들의 관계나 배경에 변화를 줬다.

그는 누구나 알고 있는 익숙하고 친근하지만 낡은 캐릭터들을 종합해서 새롭게 탄생시켰다. 처음 아이디어 단계에서 남들에게 '미친 짓' 이라는 비난을 받을까 두렵기도 했지만 팀원들이 다들 긍정적으로 반응해 놀랐다고 한다.

짧은 교훈이지만 이처럼 경영이나 여타 상품 제작에서도 기존에 유행한 것을 그대로 갖다 써서는 경쟁력이 없을 것이 뻔하다.

유머

저는 이번 선거에서 나이를 쟁점으로 만들고 싶지 않습니다.
경쟁자의 젊음과 무경험을
제 정치적 목적에 이용하지 않을 겁니다.

로널드 레이건

I will not make age an issue of this campaign.
I am not going to exploit for political purposes
my opponent's youth and inexperience.

Ronald Reagan

이 말은 1984년 10월 21일 미국 대통령 선거 제2차 텔레비전 토론에서 레이건 공화당 후보가 한 말이다. 유머 한마디가 얼마나 값진지 여실히 보여줬다. 1984년 미국 대통령 선거 때 레이건 캠프의 가장 큰 걱정거리는 민주당 후보 월터 먼데일(56세)에 견줘 레이건이 너무 고령(73세)이라는 점이었다. 레이건은 자신의 나이에 대한 일반의 우려를 이 한마디로 멋지게 잠재웠다. 유머 감각 있는 한마디는 리더의 큰 자산이다.

삼성경제연구소가 회원 600명을 대상으로 실시한 설문 조사에서 '유머가 생산성 향상에 도움이 된다' 라는 항목에 '그렇다' 57.1퍼센트, '매우 그렇다' 23.9퍼센트로 모두 81퍼센트가 동의했다. '유머가 조직 문화 활성화에 도움이 된다' 라는 항목에도 88퍼센트가, '유머 경영이 고객 만족에 기여한다'는 항목에도 81.6퍼센트가 찬성했다. 유머 있는 리더가 더 좋은 조직을 만들고 더 탁월한 업무 성과를 낸다는 의미다.

리더의 유머는 직원들의 사기를 상승시키고 사람들의 마음을 열어 내 편으로 만드는 강력한 힘이다. 고故 정주영 현대그룹 회장이 전경련 회장으로 있을 때 안대를 하고 회의에 참석한 적이 있다. 누군가가 "회장님, 많이 불편하시겠습니다"라고 했더니 정 회장이 "괜찮아요. 오히려 한 눈으로 보니 일목요연하게 보이는데"라고 대답해 여러 사람들을 즐겁게 했다.

어려움에 놓였을 때 리더의 유머는 많은 이들에게 용기를 북돋아준다. 제2차 세계대전 당시 독일이 영국을 해상 봉

쇄하자 처칠은 "드디어 우리가 유럽 대륙을 봉쇄했습니다"라는 말로 국민을 안심시켰고, 독일군이 쏜 미사일에 버킹검 궁 담이 무너졌을 때는 엘리자베스 여왕이 "국민 여러분, 안심하십시오. 독일군 덕분에 왕실과 국민 사이를 가로막던 벽이 사라졌습니다. 이제 여러분을 더 잘 볼 수 있게 돼 다행입니다"라는 재치 있는 유머로 국민을 위로했다.

1981년 3월 레이건은 존 힝클리라는 정신이상자가 쏜 총에 맞아 병원에 실려가면서 "총에 맞고서도 안 죽었으니 얼마나 기분이 좋아"라고 말했고 부인 낸시에게는 "여보, 총알 피하는 걸 깜빡했어"라고 말해서 사람들을 안심시켰다.

이 암살 미수 사건으로 그의 지지율은 83퍼센트까지 올라갔다. 그러나 이듬해인 1982년에 지지율이 32퍼센트까지 떨어지자 보좌관들이 안절부절못했다. 이때도 레이건의 유머는 살아 있었다. 레이건은 "걱정하지 마. 그까짓 지지율, 총 한 번 더 맞으면 될 거 아냐"라고 보좌관들에게 자신감을 심어주었다. 레이건은 정말 유머를 아는 사람이었다.

원칙

원칙보다는 특권을 앞세우는 사람은 곧 둘 다 잃는다.

드와이트 아이젠하워

A people that values its privileges above
its principles soon loses both.

Dwight D. Eisenhower

이른바 원칙을 중요시하는 리더십이다. 때에 따라서는 원칙이 발목을 잡을 수도 있지만 그 원칙이 올바르다면 중간에 암초를 만나더라도 결과가 좋게 나올 수밖에 없다. 특히 스포츠에서는 원칙과 기본기가 중요한 판단 근거로 작용한다.

한국 시리즈를 열 번 우승한 김응룡 감독, 야구의 신 '야신' 이라 불리는 김성근 감독, 한국 축구를 월드컵 4강에 진출시킨 히딩크 감독 등에게는 공통점이 하나 있다. 이들이

중요시한 것은 선수 개인의 부지런함과 경기에 대한 집중력
이다.

그들에게는 스타플레이어도 중요하지 않았다. 스타플레
이어도 최선을 다하지 않으면 가차 없이 선발에서 제외했
다. 자기들이 세운 원칙에 벗어난 선수들은 절대로 기용하
지 않았다

영국 프리미어 리그 맨체스터 유나이티드의 알렉스 퍼거
슨 감독은 스타플레이어의 특권을 인정하지 않는 것으로 유
명하다. 2011년 12월 31일 퍼거슨 감독은 블랙번과 벌인 경
기에 맨유의 골잡이 루인 웨니 등 주전 세 명을 출전시키지
않았다. 경기 결과에 따라 맨체스터 시티를 끌어내리고 리
그 선두로 오를 수 있는 중요한 경기였지만 다른 선수를 내
보냈다. 이 경기에서 맨유는 2대 3으로 졌다.

가장 중요한 이유는 원칙이었다. 퍼거슨 감독은 크리스
마스·연말 시즌에 파티 금지령을 내렸다. 그런데 12월 26
일에 루니 등 선수 세 명이 숙소를 무단이탈해 파티를 즐긴
것이다. 이튿날 훈련에서 이들의 몸 상태는 엉망이었고 사
실을 알게 된 퍼거슨 감독은 출전 정지와 함께 그들에게 20
만 파운드(3억 6000만 원)를 벌금으로 물렸다. 퍼거슨 감독은 프

리미어 리그에서 뛰려면 몸 상태가 항상 최고여야 한다는 원칙을 지니고 있다.

당장 아쉬워서 스타플레이어를 출전시키고 특권을 부여하면 리더십에 금이 갈 것은 뻔한 일이다. 그럼에도 감독이나 구단이 스타플레이어에 끌려다니는 것을 가끔 볼 수 있다. 퍼거슨 감독은 당장이 아니라 시즌 전체를 생각해서 원칙을 고수한 것이다. 이런 뚝심이 그를 25년 동안 맨체스터 유나이티드를 지휘할 수 있게 했고 명감독 반열에 올라가는 원동력이 됐다.

원칙은 세우기 쉽다. 그렇지만 그 원칙을 끝까지 고수하는 것이 어렵다는 사실을 명심해야 할 것이다.

끈기

심사숙고하고 또 심사숙고하라.
그다음엔 100퍼센트 확신으로 임하라.
늘 즐겁게, 절대 낙담하지 말고 포기하지 말라.
포기하지 않는다면 패배할 수 없기 때문이다.

테드 터너

Think things through as much as you can.
Then give it a hundred percent. Always be cheerful.
Never get discouraged and never quit.
Because if you never quit, you're never beaten.

Ted Turner

이번에 얘기할 리더십에 관한 덕목은 끈기다. 중국의 국부라 불리는 쑨원은 중국 대륙과 대만 양안에서 동시에 존경받는 지도자다. 1866년 광둥성 샹산에서 농부의 아들로 태어난 그는 1895년 첫 무장봉기를 시작으로 1911년 신해혁명까지 열 차례 거사를 시도했으나 단 한 번도 성공하지 못한 채 망명과 귀국을 되풀이했다. 1925년 베이징에서 사망할 때도 "혁명은 아직 이뤄지지 않았으니 더욱 노력하라"는 말을 유언으로 남길 만큼 그의 혁명 정신은 투철했으나 혁명은 미완성이었다.

그럼에도 '쑨원은 곧 중국'이라는 등식이 가능하다는 말을 들을 정도로 숭상받는다. 그는 혁명을 위해 일생을 바쳤다. 그가 삼민주의三民主義를 주창한 것은 단순히 왕조를 교체하기 위해서가 아니었다. 중국 백성의 삶을 발전시키고자 한 것이었다. 쑨원은 오늘날의 중국을 있게 만든 정신적인 지주다.

혁명을 완수하지도 못했는데 이토록 존경받는 이유는 무엇일까? 쑨원 연구의 대가인 해럴드 시프린은 쑨원 리더십의 핵심을 '끈질김'이라고 소개한다.

쑨원의 업적을 특징짓는 것은 명석함보다 끈질김이었다.

사실 쑨원의 이념이 사상적으로 뛰어난 것은 아니다. 그가 시도한 혁명이 성공으로 끝나지 않았다는 사실만 봐서도 쑨원이 탁월한 사상가, 혁명가는 아니었다. 오히려 그를 평생 따라다닌 것은 좌절과 실패였다. 그럼에도 우리가 중요하게 생각해야 하는 것은 쑨원은 결코 좌절하지 않았고 죽는 순간까지도 노력했다는 점이다. 즉, 일관되고 끈질기게 혁명을 추구하는 자세가 중국인을 각성시키는 데 성공한 것이다.

여기 끈기 하나로 혁명을 완수한 사람들이 있다. 바로 중국 공산당이다. 1927년 4월 장제스가 일으킨 쿠데타로 1차 국공합작이 깨지면서 중국 공산당은 국민당군에 쫓기는 신세가 된다. 장제스는 약 70만 명에 이르는 국민당군으로 홍군 8만 명을 포위, 추격한다.

후퇴하는 홍군은 1934년 10월부터 1936년 10월까지 중국 대륙을 9,600킬로미터나 가로지르는 대장정을 벌이지만 생존자는 약 7,000명에 지나지 않았다. 1921년 중국 공산당 창당 후 15년 동안 이룬 기반과 성과가 모두 사라지고 서쪽 오지에 내몰린다. 대장정 동안 그들은 동지와 가족을 잃었고 이루 말할 수 없는 고통을 겪는다.

그렇지만 대장정은 역사를 바꾼 '대승리'로 기록된다. 중국 공산당은 대장정을 통해 고난과 역경을 이겨냈다는 갖

가지 '신화'를 만들어냈고, 사회주의 혁명의 이념을 도처에 전파하며 중국 민중의 환심을 샀다. 결국 중국 공산당은 국민당을 타이완으로 몰아내고 공산화라는 혁명 과업을 달성한다. 그야말로 혁명을 확신하고 끈기와 뚝심으로 버틴 결과였다.

직관과 준비

지도자의 직관적 판단은 필요하지만,
그것은 철저한 분석이 선행될 때에 효과를 볼 수 있다.

워런 베니스

Intuitive judgment by the leader is essential,
but it is effective only if it has been preceded
by thorough analysis.

Warren Bennis

칼로스트 굴벤키안이라는 사업가는 일곱 살 때 사탕 대신 옛날 화폐를 샀다. 재산이 된다고 생각했기 때문이란다. 상재商才를 타고난 것일까? 이후 그는 오스만튀르크의 중동 지역에 석유가 매장돼 있을 가능성을 보고 터키 석유 회사를 설립한다. 개인 지분은 15퍼센트였는데, 1912년 회사를 영국에 넘기고 증자를 거듭하는 중에도 의결권 없는 5퍼센트를 공로 지분으로 인정받았다.

이후 메이저 석유 회사들은 그에게 지분을 준 점을 두고 두고 후회하게 된다. 1948년까지 프랑스와 미국의 참여, 이라크 석유 회사로의 전환, 아람코 설립 등 중요한 순간마다 중동 석유의 이권이 그의 뜻대로 갈렸기 때문이다. 메이저들을 갖고 놀며 세계 최대의 부를 쌓은 그에게는 '미스터 5퍼센트' 라는 별명이 붙었다.

그는 단순히 직관만으로 부를 이루었고 석유의 가치를 알아챘을까? 그는 이스탄불에서 태어난 아르메니아인이었다. 조국도 없는 민족이라는 한계를 어떻게 극복했을까? 물론 아버지의 재력도 한몫했다. 그렇지만 무엇보다도 외국어 실력과 전공 실력만큼은 제대로 갖춘 사람이었다. 영국 킹스칼리지 광산학과를 수석으로 졸업하고 자신이 쓴 석유 관련 서적으로 명성을 날린 그는 중동 지역의 석유 탐사를 철저하게 분석하고 준비한 사람이었다.

현대 기업체에서는 새로운 사업이나 인수 합병을 하기 전에 철저하게 분석하는 것으로 일을 시작한다. 시장분석, 재무분석, 경영분석, 정보 분석, 디자인 분석, 환경 분석 등 수많은 항목들로 나눠 철저하게 분석한다. 리더의 동물적인 감각이나 직관에 따라 움직이는 것 같아도 훌륭한 기업 리더는 사전에 철저하게 준비한다고 봐야 할 것이다.

직관은 하늘에서 거저 떨어지는 게 아니다. 평소 실력이다. 중요한 의사 결정을 앞두고 가장 먼저 해야 할 일은 철저한 분석이지만, 분석만으론 답을 내리기 어려울 때가 많다. 그럴 때 필요한 것이 바로 직관이다. 분석 없는 직관은 요행을 바라는 것이나 다름없다.

새로운 길

한 번도 실현된 적이 없는 성과를 얻고자 한다면
한 번도 시도된 적이 없는 방법을 써야 한다.

프랜시스 베이컨

If we are to achieve results never before accomplished,
we must expect to employ methods
never before attempted.

Francis Bacon

프레더릭 튜더라는 인물이 있었다. 보스턴 명문가 출신인 그는 1806년에 얼음을 더운 나라에 팔겠다며 천연 얼음 80톤을 화물선에 싣고 보스턴을 떠났다. 2,400킬로미터 떨어진 서인도제도 프랑스령 마르티크에 도착했을 때 얼음 20톤이 남았다. 그나마도 원주민들은 신기하게 여길 뿐 전혀 팔리지 않았다. 이렇게 첫 얼음 사업은 실패로 끝났다. 이후에도 튜더는 포기하지 않고 오히려 사업을 늘렸으니 늘린

만큼 빚만 더 쌓였다.

그러나 톱밥을 단열재로 쓰고 새로운 채빙 기술을 개발해서 1825년부터는 돈방석에 앉았다. 유럽과 인도, 싱가포르까지 전 세계 53개국에 얼음 창고를 만들고 연간 500만 톤이 넘는 천연 얼음을 팔아 '얼음왕'으로 불리게 된다. 주변에서는 다들 미쳤다고 했지만 그야말로 아무도 생각하지 않은 독창적인 아이디어로 승리한 셈이다.

1908년 하버드대 학생 휴 무어는 자동판매기로 생수를 파는 매형의 사업에 합류한다. 그런데 툭하면 깨지는 유리잔 때문에 사람들이 생수 자판기를 외면하자 깨지지 않는 자판기용 컵을 연구한다. 그렇지만 발명은 쉽지 않았다. 수많은 시행착오 끝에 나뭇잎으로 물을 나눠 마시는 영화 포스터를 보고 종이컵을 생각해낸다. 전문가들은 그를 미친 사람 취급했지만 마침내 찢어지지 않고 젖지도 않는 종이를 찾아내 종이컵을 생산해낸다.

그렇지만 생수만으로는 회사 운영이 어려웠다. 매형이 회사를 떠나고 휴 무어 혼자 몇 차례 증자를 받으며 버텼다. 때마침 '바이러스에서 건강을 지키기 위해서는 일회용 컵을 사용하자'라는 건강 보고서가 나오면서 사업은 제 궤도에 들어선다. 1920년에는 아이스크림용 종이컵까지 개발해 더욱 번창한다.

길이 막힐 때 새로운 아이디어와 새로운 방식으로 길을 낼 줄 아는 사람이 진정한 리더다.

부패

1894년 9월 17일에 압록강 입구 서해 바다에서 청나라 북양함대와 일본 연합함대가 맞붙었다. 당시 청의 해군력은 군함 64척, 어뢰정 24척 등 총 8만 4,000톤으로 군함 28척, 어뢰정 24척 등 총 5만 9,000톤인 일본 해군력을 압도했다. 특히 1891년 청나라가 독일에서 사들인 7,335톤급 전함 진원호와 정원호는 일본군에 공포의 대상이었다.

그럼에도 5시간 동안 벌어진 해전은 청나라의 완패로 끝났다. 청나라 해군은 군함 열네 척 중 다섯 척이 격침되고 세 척이 파손된 반면 일본 군함은 열두 척 중 세 척만 파손됐을 뿐이다.

무엇 때문이었을까? 전술적인 면도 있었지만 가장 중요한 이유는 청나라의 총체적 부패에 있었다. 해군 예산의 절반인 3,000만 냥이 서태후의 이화원 별장 건립과 환갑잔치에 들어갔다. 일반 병사들도 문제였다. 포탄 관리 부서는 화약을 빼돌렸다. 그래서 일본을 떨게 한 전함 진원호와 정원호는 주포 포탄을 단 세 발만 갖고 싸웠다. 다른 함정도 사정은 비슷했다. 포탄에 들어가야 하는 화약이 규정보다 적게 들어가는 바람에 사정거리가 제대로 나오질 않았다.

압록강 해전 결과는 청일전쟁의 승패를 갈랐고, 이후 청나라는 패망의 길을 걷기 시작한다. 부패한 권력이 낳은 엄중한 결과다. 역사에서 많이 봐온 장면인데 인간은 늘 같은 실수를 반복한다.

개방성

최근에 가장 혁신적인 발명의 75퍼센트는
해당 분야 출신이 아닌 사람들이 이뤘다.

토머스 피터스

75 percent of the most recent and innovative
inventions came from people outside the profession.

Tom Peters

지난 10~20년 동안 잘나가던 닌텐도가 2011 회계연도에 처음으로 적자를 기록했다. 무려 30년 만이다. 닌텐도는 화투 제조 업체로 출발해 1980년대에 가정용 게임기 시장에 진출한다. 2006년 출시한 닌텐도 위wii가 크게 성공하면서 세계에서 가장 큰 게임 업체로 등극한다. 소니를 제치고 일본을 대표하는 전자 업체로 잘나가는 회사였다.

그런 닌텐도가 2011년 3/4분기 매출이 전년 같은 기간보다 약 40퍼센트 줄어든 2000억 엔(3조 원)을 기록했다. 적자는 570억 엔(8000억 원). 가장 근본적인 원인으로는 보수적이고 폐쇄적인 전략이 꼽혔다. 특히 새롭게 등장한 스마트폰의 '오픈마켓'이 결정타였다.

게임 개발 업체가 닌텐도용으로 게임을 출시하려면 본사의 까다로운 검수를 받아야 했다. 닌텐도의 입맛에 맞지 않으면 발매할 수 없었다. 그러다보니 다양한 게임이 나오기 어려워졌다. 닌텐도가 직접 만든 '두뇌 트레이닝', '닌텐독스', '슈퍼 마리오' 등은 100만 장이 넘게 팔린 히트작이었으나 외주업체에서 만든 게임들은 20만 장을 넘기지 못하는 실정이었다.

이러니 게임 제작 업체들의 불만이 높아질 수밖에 없었다. 때마침 애플에서 앱스토어를 시작하자 게임 업체들은 앱스토어로 밀물처럼 빠져나갔다. 앱스토어 같은 오픈마켓은 심의만 통과하면 누구나 게임을 등재, 판매할 수 있었고 선택은 소비자의 몫이었다.

사람들은 스마트폰에서 인기를 구가하는 '앵그리버드'나 '팜빌' 같은 게임이 닌텐도용으로 나왔으면 성공하지 못했을 것이라고 한다.

물론 닌텐도의 시작은 혁신적이었다. 그렇지만 회사가 차츰 보수화되면서 개방성을 중요하게 요구하는 최근 시장의 흐름을 따라잡지 못했다. 그만큼 개방성이 중요하므로 리더는 늘 개방을 촉진해야 할 것이다.

비전

역사는 우리 인간이 실제의 자신보다 큰 무엇인가에
굶주려 있다는 것을 끊임없이 보여준다.
굶주림을 채워주는 지도자에겐
늘 추종자가 흘러넘치기 마련이다.

로리 베스 존스

History repeatedly has shown that people
hunger for something larger than themselves.
Leaders who offer that
will have no shortage of followers.

Laurie Beth Jones

많은 위인들이 비전을 제시해 추종자를 만든다는 사실은
역사에서 흔하게 엿볼 수 있다. 알렉산더 대왕이나 나폴레
옹 황제는 물론이고 히틀러도 사람들이 갈구하는 바를 빠르
고 정확하게 파악하고 욕망을 채워줬다. 그것이 물욕이든

정복욕이든 우월한 국민성이나 애국심에 기대었든지 간에 사람들의 원하는 부분을 간파해서 자극한 것이다. 즉, 리더란 조직원들에게 비전을 제시해야 한다.

조직원들이 원하는 것이 원초적인 의식주 문제를 해결하려는 욕구인지, 안락함을 충족하려는 욕구인지, 아니면 그들의 의무라든지 자존감처럼 인정받고 싶은 욕구인지를 잘 파악해 비전을 제시해야 한다.

왜 사람들은 죽음이나 부상의 위험을 무릅쓰고 전쟁에 참여하는 희생을 견뎌낼까? 가정이나 국가에 대한 의무감, 애국심의 발로일 수 있다. 그렇지만 각 조직 구성원들이 그런 마음을 품을 수 있게 불을 지피는 것이야말로 리더의 능력이다.

사람들은 예수를 발견하기 전까진 기독교에 헌신할 수 없었다. 마찬가지로 링컨, 제퍼슨, 루스벨트를 발견하기 전까진 민주주의에, 마르크스, 레닌, 스탈린을 발견하기 전까진 공산주의에 헌신할 수 없었다.

……

사람들은 그 어떤 대의와 사상을 의인화한 인물들을 통해 그런 마틴 루서 킹이 한 말이다. 이처럼 비전과 리더십은 떼려야 뗄 수 없는 관계다.

단일 리더십

사자로 이룬 군대를 양이 지휘하는 것보다
양으로 이룬 군대를 사자가 지휘하는 것이 더 낫다.

대니얼 디포

It is to have a lion at the head of an army of sheep,
than a sheep at the head of an army of lions.

Daniel Defoe

이른바 과두제(한 사람이나 몇몇 소수가 국가 기관을 조직하고 지배하는 체제)가
가져오는 부정적인 효과에 대해서는 이미 오래전에 그리스
철학자들도 간파한 사실이다. 기원전 405년 그리스의 패권
을 놓고 아테네와 스파르타 사이에 펠로폰네소스전쟁이 벌
어진다. 전통적으로 해상 강국인 아테네가 이끄는 델로스동
맹과 육상 강국인 스파르타가 이끄는 펠로폰네소스동맹의
운명을 결정지은 것은 아이고스포타미해전이었다.

아이고스포타미해전에서 양쪽은 함선 100여 척씩을 동원해 비슷한 해군 전력으로 전투를 벌였다. 대체로 해상 전투 경험이 많은 아테네가 유리할 듯 했으나 아테네군은 이미 사기가 떨어진 상태였다. 아테네는 정치적으로 민주정치 지지자와 과두정치 지지자로 나뉘어 혼란스러운 상태였기 때문이다. 결정적으로 아테네 함대는 지휘관 여섯 명이 하루씩 돌아가며 지휘를 맡은 반면에 스파르타는 리산드로스 장군을 중심으로 일사분란하게 움직였다.

결과는 이미 나와 있지 않은가? 분산된 지휘 체계로 아테네 연합 함대는 제대로 힘을 쓰지도 못하고 스파르타에 패하고 만다. 이 전투로 아테네는 해군력을 완전 상실하고 1년 뒤 항복한다.

기원전 218년에는 로마와 카르타고가 지중해의 패권을 놓고 한판, 아니 세 판이나 붙었다. 바로 3차에 걸친 포에니 전쟁이다. 1차 포에니전쟁에서 로마는 카르타고를 물리치고 지중해 일대의 요충지를 차지한다. 그러나 2차 포에니전쟁에서는 설욕을 벼르던 카르타고의 명장 한니발이 용병 4만여 명으로 구성된 카르타고군을 이끌고 알프스를 넘어 로마로 진격한다.

카르타고군은 로마를 앞두고 칸나이 평야에서 로마군 8만 명과 대치한다. 그러나 여기서도 문제는 지휘였다. 막강한 로마군이었지만 제대로 힘을 쓰지 못하고 패한다. 로마군은 한니발군 진영에서 9킬로미터 떨어진 곳에 1진지를 구축하고 칸나이 평야 북쪽 기슭에 2진지를 설치하는데 문제는 총지휘를 두 진지의 사령관이 하루씩 돌아가며 맡기로 한 것이었다. 한 지휘관은 당장 돌격하자고 하고 한 지휘관은 신중하게 하자는 바람에 둘이 뜻을 맞추는 데만 며칠을 허비하고 만다.

1진지 지휘관이 로마군을 지휘하는 날, 한니발은 동이 트기 전에 군대를 이끌고 2진지를 향해 돌격했다. 이 전투에서 로마군은 4만 8,000명이 죽고, 한니발군은 6,000명만 잃었다. 한니발군의 완승이었다.

이른바 집단지도체제가 좋을 때도 없진 않겠지만, 적어도 기업 경영에서 리더십이 분산되면 좋은 효과를 기대하기 어렵다. 책임 경영이라고 하는 관점에서도 그렇거니와 요즘 같은 '속도 전쟁' 시대에는 신속한 의사 결정이 매우 중요하기 때문이다.

정보

언론은 내가 상원 원내 대표로서 거둔 성공을 이야기할 때면
설득하거나 권모술수를 쓸 수 있는 내 능력을 늘 강조하지요.
내가 동료 상원 의원들보다 더 많은 고급 정보를
알고 있었다는 걸 말하는 기자는 없습니다.

린든 존슨

When the press talks about my successes as Senate
majority leader they always emphasize
my capacity to persuade, to wheel and deal.
Hardly anyone ever mentions that I usually had more
and better information than my colleagues.

Lyndon B. Johnson

이 말은 미국 제36대 대통령 린든 존슨이 리더십 전문가
존 가드너에게 한 말이다. 리더는 정보력이 뛰어나야 한다
며 제시한 사례다. 현대사회든 고대사회든 정보를 빨리 많
이 얻는 자가 유리한 고지에 올라선다는 점은 부인할 수 없

는 사실이다. 지금 이 시간에도 수많은 정보가 지구를 떠돌고 있다. 그것을 하나라도 더 빨리 잡는 자가 성공의 지름길로 달려가는 사람이다.

세계를 바꾼 산업혁명도 1717년 영국의 토머스 롬브가 이탈리아에서 비단 제조 기술과 공장 도면을 빼돌려 막대한 부를 이룬 데서 시작했다. 토머스의 성공에 자극받은 사람들이 신기술을 봇물처럼 쏟아내면서 산업혁명이라는 도화선에 불이 붙었다.

1815년 유대인 사업가 나단 로스차일드는 나폴레옹이 워털루 전투에서 패했다는 소식을 비둘기 통신으로 남들보다 먼저 받았다. 거의 실시간으로 받은 빠른 정보 덕분에 나폴레옹의 패배를 모르는 주식시장에서 영국 국채를 싼 값에 매입해 막대한 부를 이루었다. 이 투자로 로스차일드는 세계적인 금융자본으로 성장하는 초석을 놓았다.

마찬가지로 현대 기술의 총아라는 피시PC 산업을 활성화한 애플과 마이크로소프트의 신화도 정보에서 시작됐다. 1980년 초에 애플의 창업자 스티브 잡스는 제록스에 제록스 팰러앨토 연구소에서 연구 중인 신기술을 보여준다면 애플에 100만 달러를 투자할 수 있게 해주겠다고 제의한다. 제록스는 이 제안을 수락하는데, 1년 뒤 애플이 기업공개를 할 때 그 가치가 1760만 달러에 이른다. 그렇지만 애플은 제록스가 제공한 신기술 덕분에 수십 수백 배 이익을 챙겼다. 스티브 잡스는 제록스 팰러앨토 연구소에서 본 그래픽 유저 인터페이스GUI라는 신기술을 새로운 피시에 적용한다. 이렇게 해서 태어난 컴퓨터가 매킨토시다. 오늘날 애플 제품뿐만 아니라 현대 아이티IT 업계에 없어서는 안 될 필수 기술은 이렇게 개발됐다.

이와 관련해 마이크로소프트와 얽힌 재미있는 일화가 있다. 이후 마이크로소프트가 그래픽 유저 인터페이스 기술을 이용한 윈도 시스템을 개발하자 스티브 잡스가 자기네 기술을 도용했다고 불같이 화를 냈는데, 빌 게이츠의 대답이 걸작이었다.

우리 이웃에 제록스라는 부잣집이 있는데 그 집에 컬러텔레비전이 있다는 이야기를 듣고 내가 훔치러 들어갔죠. 그렇지만 이미 당신이 훔쳐가고 없더군요.

기질

리더십은 전략과 기질의 강력한 결합이다. 그러나 굳이
둘 중 하나를 택하라면 전략보다는 기질이 더 중요하다.

노먼 슈워츠코프

Leadership is a potent combination of strategy
and character. But if you must be without one,
be without the strategy.

Norman Schwarzkopf

사람들은 강력한 리더십을 행사하기 위해 여러 가지 방안
을 모색한다. 조직원에게 당근을 주기도 하고 채찍을 휘두
르기도 한다. 그렇지만 무엇보다도 리더가 갖추고 있는 기
질을 극대화하는 것이 가장 좋은 방법일 것이다. 그 기질이
카리스마일 수도 있고 포용력이나 도덕, 지식일 수도 있다.

조직원을 심리적으로 강력하게 압박해 조직을 끌고 나가
면 조직의 생산성을 극대화할 수 있다. 애플의 스티브 잡스

는 사람의 마음을 읽고 그들의 심리적 강점과 약점을 알아
내는 능력이 비상했다. 그는 그 능력으로 사람을 구슬리고
설득하고 겁주기도 했다.

그래서 뭉개지는 사람들은 그의 조직원이 될 수 없었고
살아남은 직원들은 더욱 강해지고 일을 더 잘하게 된다. 잡
스와 함께 일한 조애나 호프먼은 이렇게 증언한다.

실제로 잡스가 만든 팀들은 놀라운 능력을 발휘했다. 심
지어 팀원들은 "주 90시간 근무, 너무 행복하다"라고 쓴 티
셔츠를 만들어 입기까지 했다. 잡스에 대한 두려움과 그를
만족시키고자 하는 욕구가 결합해 스스로 기대했던 것 이상
성과를 올린 것이다.

"능력으로 정상에 오를 수 있지만, 정상에 머무르게 만드
는 건 기질이다"라고 한 존 로버트 우든의 말을 기억하자.

열정

위대한 일치고 열정 없이 이루어진 것은 없다.

랠프 월도 에머슨

Nothing great was ever achieved
without enthusiasm.

Ralph Waldo Emerson

스티브 잡스가 일에 얼마나 열정이 넘쳤는지는 누구나 인정하는 바다. 그 열정이 애플 컴퓨터, 매킨토시, 아이폰으로 이어져 현대인의 삶을 바꿔놓았다고 해도 지나친 말은 아닐 것이다.

1997년 스티브 잡스가 새로운 광고를 제작할 때 일이다. 이전에 애플의 광고를 대행한 적이 있는 리 클라우에 연락했다. 잡스는 클라우와 그의 회사에 애플의 광고를 맡기기 위해서 다른 광고 대행사와 함께 경쟁에 참여해주기를 원했다. 그렇지만 클라우는 고객 앞에서 발표를 하지 않는 사람이었다. 잡스의 간곡한 요청에 클라우는 애플에 보여줄 광고 아이디어를 갖고 찾아왔다. 스티브 잡스는 그때를 회상하며 "리가 그 광고 아이디어를 보여줄 때 저는 눈물을 흘리고 말았습니다. 그리고 지금도 그때 생각만 하면 코끝이 찡해집니다"라고 말했다. 클라우의 카피라이터들과 오랫동안 씨름한 끝에 나온 명문구가 바로 이것이다.

Think different(다른 것을 생각하라).

텔레비전 광고 문구를 누구 목소리로 할 것인지를 놓고 벌인 일도 재미있다. 할리우드 배우 중에서 로빈 윌리엄스와 톰 행크스를 섭외하려고 연락을 시도했으나 잘되질 않았다. 그러다 그해 가을 어느 기금 모금 파티에서 스티브 잡스는 우연히 미국 대통령 빌 클린턴을 만난다. 스티브 잡스는 대통령에게 꼭 부탁하고 싶은 게 있다고 면담을 요청한다. 무슨 부탁이었을까? 톰 행크스에게 전화를 걸어 출연을 설득해달라는 부탁이었다. 현직 대통령에게 광고 내레이션을 위해 영화배우에게 전화 좀 해달라는 것이 말이 되는가?

스티브 잡스는 광고쟁이가 아니다. 컴퓨터 업체의 CEO
로서 제품 개발에 열정을 보이는 것은 당연하지만 광고처럼
부가적인 일에도 그 자신의 혼신을 다해 열정을 쏟아넣었
다. 스티브 잡스는 자신이 하고 있는 일이 무엇이든지 최고
가 돼야만 했다. 상대방에 대한 고려는 전혀 없이 열정을 다
했다. 한마디로 '무대뽀' 정신이 강했다. 그렇지만 성공한
사람이라면 대부분 갖고 있는 공통점이기도 하다.

실천

가장 좋은 충고는 아무것도 하지 말라고 말하는 것이다.
만약 당신이 아무것도 하지 않는다면,
당신은 절대 곤경에 처하지 않을 것이다.
그러나 동시에 당신은 그 무엇도 이룰 수 없다.
'마음이 약한 사내는 미녀를 얻지 못하는 법' 이라는
말도 있잖은가?

테드 테너

The best advice is never to do anything.
You'll never get in trouble if you never do anything.
But you'll never get anywhere, either.
'Faint heart ne'er won fair lady.'

Ted Turner

행동과 실천의 리더십이다. 중국의 국부 쑨원은 생각한
바를 행동으로 옮기는 실천가였다. 청나라 말기 사상가인
옌푸가 무장봉기를 계획하는 쑨원에게 "중국 인민은 지식

이 낮은 단계에 있어서 공화 혁명을 위한 준비가 없다"라고
하자 쑨원은 이렇게 대답했다.

쑨원은 행동가답게 자신이 가진 모든 것을 혁명을 위해
희생했다. 제아무리 좋은 아이디어, 기획, 사상이 있어도 움
직이지 않으면 아무것도 얻을 수 없다. 행동하며 실천하는
쑨원의 방식이 오늘의 중국을 만들었다.

CNN을 만든 테드 터너도 마찬가지로 도박이라는 표현을
썼지만 다음과 같이 행동하는 실천의 중요성을 강조한다.

현실 인식

변화를 추구하는 정치를 이해하는 데 가장 중요한 것은
세상을 있는 그대로 인식하는 것이다.

솔 알린스키

The basic requirement for the understanding of the
politics of change is to recognize the world as it is.

Saul Alinsky

미국의 지역사회 운동가인 솔 알린스키가 1972년에 출간
한 《급진주의자를 위한 규칙》에 쓴 말이다. 솔 알린스키는
히피 선동가이기도 했다. 그렇지만 그는 책상물림이 아니었
다. 폭력단의 삶을 체험해보기 위해 시카고에서 가장 악명
높은 갱인 알 카포네 밑에서 갱단 노릇을 해보기도 했다. 그
는 급진주의자였지만 사회규범과 법질서라는 체제 안에서
사람들이 자각하고 행동하는 사회 개혁을 생각했다.

세상을 있는 그대로 인식하는 것이 중요하다는 알린스키의 말은 너무도 뻔한 말 같지만, 진보주의자들이 늘 실패하는 지점을 정확히 짚은 것이다. 세상을 바꾸고자 하는 진보주의자들은 세상을 있는 그대로 보는 게 아니라 자기들이 원하는 방향으로 또는 세상이 어떠해야 한다는 당위적 관점에서 보려는 경향이 있다. 조직 혁신을 꾀하고자 하는 리더도 일단 조직을 있는 그대로 냉정하게 보는 게 필요하다.

흥미롭게도 알린스키는 버락 오바마와 힐러리 클린턴에게 큰 영향을 끼쳤다. 오바마는 알린스키 이론에 따라 시카고에서 지역사회 운동을 벌여 자신의 정치적 발판을 마련했고, 힐러리는 웰슬리칼리지 졸업 논문을 알린스키 운동 모델에 대해 썼다.

인간이란 늘 사물을 대할 때나 사람을 평가할 때 자기에게 조금이라도 더 유리하고 편리한 쪽으로 보려는 경향이 있다. 더불어 사람들이 자기를 알아주지 않는다고 생각하거나 세상이 잘못 돌아가고 있다고 푸념하기도 한다.

실질적으로 경기지수가 하향 곡선을 그리고 미래 전망이 좋지 않게 나오는 것이 뻔히 보임에도 가능한 한 낙관적으로 평가하고 그렇게 가야 한다고 생각하는 경제 정책 수립

자도 있다. 또 여론조사 결과가 49대 51로 조금 불리할 때는 언제든지 역전이 가능하다, 통계 수치의 오류일 수 있다고 믿는 낙관적인 정치가도 있다. 현재 자신이 가진 능력이 75 정도인데 자신은 언제나 기회가 오면 90 이상 능력을 발휘할 수 있다고 착각하는 사람도 있다. 자신이 만든 작품은 좋은데 사람들이 안목이 없어서 빛을 못 본다고 생각하는 예술가도 있다.

현실을 인식하고 거기에 맞춰서 대응해도 모자란 판국에 세상은 자기들이 생각한 당위대로 가야 옳은 것 아니냐고 항변하지만 그래서는 아무것도 할 수 없다. 특히 기업가나 정치인은 먼저 현실을 직시해야 한다. 그다음 현실을 바탕으로 행동해야 한다.

논쟁

한 이슈에 대한 공개적 논쟁은 논쟁에 참여한 사람들이
결과를 수용하는 데 도움을 주는 기능을 수행한다.
비록 그 결과가 최적 정책에 관한
그들의 생각에서 벗어난 것일지라도.

머리 에덜먼

Public controversy over an issue functions to help
participants in the debate accept an outcome that
deviates from their beliefs about the optimum policy.

Murray Edelman

이 말은 미국 정치학자 머리 에덜먼이 《상징적 행위로서
의 정치Politics as Symbolic Action: Mass Arousal and Quiescence》라는 책에
서 진정한 논쟁은 없고 논쟁이 기존 질서 정당화하는 도구
로 이용되는 걸 꼬집은 말이다. 그러나 미시적 차원에선 리
더가 변화를 시도할 때 반대 가능성이 가장 높은 사람들을

꼭 기획에 참여시켜야 할 이유를 시사한다.

논쟁은 민주주의의 기본 원리이고 소통하고 참여하는 데 가장 중요한 요소이기도 하다. 비록 논쟁의 결과가 자기 신념이나 뜻에 맞지 않더라도 다수의 생각이나 일을 책임지고 갈 사람이 어떻게 생각하고 있으며 앞으로 일을 어떻게 추진해나갈 수 있는지 명쾌하게 알 수 있다.

특히 우리나라 사람들은 어렸을 때부터 토론을 훈련하는 과정을 거치지 않아 논쟁을 피한다. 아예 그런 분위기에 익숙지 않다. 많은 한국 학생들이 미국에 유학 가서 적응하지 못하는 이유 중 하나가 논쟁에 소극적이기 때문이다. 하버드대 로스쿨에서 아시아계 최초로 여성 종신 교수가 된 석지영의 증언도 마찬가지다.

대개 한국 학생들은 발표하고 토론하고 다른 의견에 반대하는 데 소극적이다. 로스쿨에서 공부하고 법률 분야에서 일하겠다면 이 부분만큼은 변해야 한다.

석지영은 어렸을 때부터 부모 말을 순순히 따르기보다는 부모와 자주 논쟁을 벌였다고 한다. 한국 문화에서는 굉장히 무례해 보이는 일이지만 석지영의 부모는 포용력 있게 말을 들어줬다. 그러니 자연스럽게 훈련한 셈이다. 지도자로서 토론과 논쟁은 필수불가결한 요소다.

정확한 통계가 나와 있는 건 아니지만 아이비리그 대학에 입학한 한국 대학생의 약 60퍼센트가 중도 탈락해 다른 대학으로 옮기거나 학업을 포기한다고 한다. 여러 가지 이유가 있을 텐데 가장 큰 문제는 토론에 익숙하지 않고 자기 의사 표현이 부족해서 발생한다고 한다.

에덜먼은 궁극적으로 논쟁이 잘못된 결과의 수용을 합법화하는 부정적 기능을 경고했지만 우리는 너무 모자라서 탈이라 할 수 있겠다.

의견 일치

의견의 일치를 요구하는 것은
리더십을 부정하는 것이다.

마거릿 대처

Consensus is the negation of leadership.

Margaret Thatcher

마거릿 대처는 1979년부터 1990년까지 11년 동안 영국 총리를 지냈다. 특히 강력한 리더십으로 '영국병'에 대처한 것으로 유명하다. 대처의 강력한 리더십은 과다한 사회복지 지출과 노사분규로 쓰러져가던 영국 경제를 다시 부흥시켰다.

대처가 실행한 정책들은 미국의 레이거노믹스와 맞물려 전 세계를 신자유주의 물결에 휩싸이게 했다. 그 결과 진보주의자들은 대처를 신자유주의의 원흉으로 여기고 비판한다. 실제로 대처가 집권하는 동안 영국은 다시 부강해졌지만 그전보다 더 많은 사람들이 빈곤의 늪으로 더 깊게 빠져든다. 게다가 보수당 정부가 이끈 경제 부흥이 북해 유전과 방대한 국유 자산 매각 덕분이라는 분석도 있다.

논쟁을 떠나 대처가 의견이 일치되고 모든 사람을 만족시키는 정책보다 극심한 반대를 두려워하지 않고 이를 정면으로 돌파하는 강력한 리더십을 추구했다는 사실은 분명하다. 오죽하면 대처를 '철의 여인'이라 불렀겠는가.

바누아투 군도라는 곳이 있다. 태평양에 있는 섬으로 17세기 초에 포르투갈 사람들이 발견했다. 이 섬에는 주민 수만 명이 살고 있는데, 재미있는 건 다수결이란 개념이 없다는 점이다.

다수 집단이 소수 집단에 강요하지 못한다. 어떤 선택이든지 의의를 제기하는 주민이 있으면 만장일치에 이를 때까지 토론을 벌인다. 그러다보니 결정이 날 때까지 시간이 아주 많이 걸린다. 한사코 고집을 부리는 주민이 있으면 주민들은 자기 의견의 정당성을 이해시키느라 일과의 3분의 1을 토론으로 허비한다. 큰 논란이 생기면 합의에 도달하기까지 몇 년, 심지어는 몇백 년 동안 토론을 이어가기도 한다. 이삼백 년이 지나도 모든 주민이 동의해야 문제가 깨끗

이 해결된다.

아름다운 이야기다. 이렇게 원망이 전혀 남지 않는 상태가 되면 아무도 불평하지 않는다. 물론 패자도 없다. 그렇지만 현대문명 사회에서 이런 식으로는 아무 일도 할 수 없다. 대처의 리더십이 생각나는 대목이다.

협동

혼자 하는 것보다 다른 사람의 도움을 받아 하는 것이
일을 더 잘할 수 있게 한다는 사실을 깨닫는 것이야말로
자기 발전의 큰 진전이다.

앤드류 카네기

It makes a big step in your development
when you come to realize that other people
can help you do a better job than you could do alone.

Andrew Carnegie

1979년 정치학자 로버트 액설로드는 '살아있는 것처럼 행동하는 컴퓨터 프로그램' 토너먼트를 주최했다. 그는 이 토너먼트에 관심을 보인 동료 학자들에게서 컴퓨터 프로그램을 모아 어느 프로그램이 가장 높은 점수를 축적하는지 겨뤄보기로 했다.

어떤 프로그램은 가능한 한 빨리 다른 프로그램에 접근

해 점수를 빼앗고 다른 상대를 찾아 나섰다. 어떤 프로그램은 다른 프로그램들과 접촉을 피하고 자기 점수를 지키는 쪽으로 나갔다. 그 외에 '남이 적대적으로 나오면 경고하거나 벌을 가하는 프로그램', '협동하는 척하다가 기습적으로 배신하기' 등과 같은 방식을 추구하는 프로그램들이 있었다.

모든 프로그램이 각각 200차례씩 대결을 벌였는데 우승을 한 프로그램은 '협동-상호성-용서'를 행동 규칙으로 삼은 프로그램이었다. 애너톨 내퍼포트가 짠 이 프로그램은 처음에는 공격적인 프로그램에 점수를 잃지만 결국에는 승리를 거둔다. 재미있는 건 시간이 흐름에 따라 다른 프로그램에도 영향을 끼쳐 이 프로그램의 규칙, 즉 '협동-상호성-용서'가 점수를 모으는 데 가장 효율적이라는 점을 깨닫고 똑같은 방식을 취하게 하더라는 것이다.

컴퓨터 프로그램도 이런 방식을 취하는데 하물며 인간은 어떨까? 사회생활을 하는 인간의 특성상 협동과 타인의 도움이 얼마나 절대적인지 알아야 할 것이다. 이른바 협동에는 적대적 협동, 강제된 협동, 경쟁적 협동, 생태적 협동, 자발적 협동 등 다양한 방식이 있다. 그렇지만 가장 중요한 것은 어떤 형식이 되었든지 협동이야말로 인간이 사회를 발전시키고 영속시키는 데 꼭 필요한 기본 요소라는 사실이다.

훌륭한 리더는 타인의 도움도 스스럼없이 받아들일 줄
알아야 하고 남을 도와줄 줄도 알아야 한다.

자원봉사

자원봉사자들을 잘 이끌 수 있다면,
그 누구라도 이끌 수 있다.

존 캘빈 맥스웰

When you can lead volunteers well,
you can lead almost anyone.

John Calvin Maxwell

아이비리그 대학에서 학생을 뽑을 때는 봉사 활동과 관련된 경력에 상당한 가중치를 준다. 거기에는 여러 가지 이유가 있겠지만 무엇보다 봉사 활동을 한 사람의 경험과 리더십을 중요하게 평가하기 때문이다.

사실 자원봉사자들만큼 통솔하기 어려운 대상도 없다. 종교적이든 정치적이든 목적의식은 분명한 사람들이지만 사회적 배경이 제각각이어서 결속력이 전혀 없을 수도 있다. 리더로서 영향력을 행사할 수 있는 근거 또한 전혀 없다. 너무 세게 다루면 자원봉사자는 그만둘 것이고, 리더십이 부족하면 외려 무시당할 것이다. 그렇다면 이런 사람들을 어떻게 해야 잘 이끌 수 있을까?

《세종처럼》이라는 책을 보면 이런 이야기가 나온다. 세종 29년에 과거 시제로 왕이 인재를 뽑는 요령에 관한 문제가 난다. 강희맹이 다음과 같은 내용으로 장원을 했다.

> 세상에 완전한 사람은 없으니, 단점을 버리고 장점만 취하는 게 기본 원칙이다. 그리하면 탐욕스런 사람이든 청렴한 사람이든 모두 부릴 수 있다.

실제로 세종은 인재를 등용할 때 귀천이나 흠을 가리지 않고 발탁해 잘 활용했다. 노비 출신인 장영실도 그랬고, 조선의 대표적인 청백리로 꼽히는 백의정승 황희나 조말생도 그랬다.

원래 황희는 뇌물을 좋아하고 남의 아내를 자기 집 토굴에 숨겨놓고 정을 통할 만큼 비루한 인간이었다. 조말생 또한 세종 8년에 장죄(관리가 뇌물을 받은 죄)로 귀양까지 갈 정도로 탐욕스러운 인물이었다. 그렇지만 세종은 이들의 능력을 높이 평가해 사헌부나 사간원 관리들의 탄핵 상소를 물리치고 중용했다. 세종은 사람의 본성까지 바꿔놓는 탁월한 리더였던 셈이다.

자원봉사자처럼 스펙트럼이 넓은 집단을 이끌 때는 상대방의 단점이나 흠결보다 그 사람의 장점이나 특기를 빨리 파악해 적소에 활용하는 것이 중요하다. 다시 말하지만 리더십을 발휘하기 가장 어려운 대상이 자원봉사자들이다. 이를 반대로 생각하면 자원봉사자를 이끄는 법에서 리더십을 공부하는 것도 괜찮은 방법이다.

편집광

편집광만이 살아남는다.

앤디 그로브

Only the paranoid survive.

Andy Grove

원래 이 말은 오스트리아 출신 경제학자인 조지프 슘페터가 '혁신을 위한 창조적 파괴creative destruction'와 관련해서 한 말인데, 앤드 그로브가 1996년에 출간한 자신의 책 제목으로 빌려 썼다. 반도체 회사 인텔의 최고경영자를 지낸 앤드 그로브는 이 말을 평생 화두로 삼았다. 그는 '편집광'을 늘 초긴장 사태를 유지하고 경계해야 변곡점(변화하는 시점)을 알 수 있고 살아남을 수 있다는 뜻으로 설명했다.

앤디 그로브는 헝가리 출신 유대인으로 제2차 세계대전 때 독일 나치의 박해를 피해 미국으로 건너왔다. 1963년 버클리대학에서 화학공학으로 박사 학위를 받은 앤디 그로브는 페어차일드 반도체에 입사하지만, 곧 로버트 노이스와 고든 무어가 창업한 인텔에 창립 멤버로 합류한다.

앤디 그로브는 경영자가 아니라 연구 개발자로 경력을 시작했다. 그가 입사해서 3년 동안 얼마나 일을 열심히 했던지 "지쳤을 때 하루 일을 끝낼 수 있는 사람들이 부러웠다"라고 할 정도였다.

그런데 앤디 그로브뿐만 아니라 천재적인 리더들에게서 공통적으로 나타나는 현상이 바로 이 지점에 있다. 무엇에 아주 열정적으로 몰두하면 내면으로부터 어떤 변화가 오고 스스로 그 변화를 받아들인다. 그러고 나서 다시 새롭게 도전하고 더 높은 차원에 이른다. 마치 불가의 선처럼 깨달음을 얻은 순간으로 비유할 수도 있겠다.

천재들의 특성을 연구해온 하워드 가드너 교수는 앤디 그로브를 극과 극을 오가는 인물, 열정적이면서도 냉정한 인물이라고 설명한다. 스티브 잡스나 앤디 그로브 모두 고약한 품성과 더불어 편집광적으로 일에 몰두한 열정을 보여줬다.

실제로 많은 천재와 예술가들이 편집광의 모습을 보여줬는데 한편으로는 일에 대한 집중력을 보여준 것이라 하겠다.

교육

너무 심각해하지 말게.
우린 자네를 교육시키는 데 1000만 달러를 쓴 것뿐이야!

토머스 왓슨

You can't be serious.
We've just spent ten million dollars educating you!

Thomas J. Watson

세계 대학 가운데 가장 훌륭하다고 평가받는 대학은 어딜까? 전공에 따라서 다를 수도 있고 1, 2년 정도 순위가 바뀔 수도 있지만, 대체로 사람들은 하버드대학을 최고 대학으로 꼽는 데 주저하지 않는다.

언제부터 하버드대학이 최고라는 평가를 받았을까? 그것은 1869년 찰스 엘리엇이라는 인물이 서른다섯 젊은 나이로 총장에 취임하면서부터다. 엘리엇은 총장이 되자마자 라틴

어나 고전문학을 획일적으로 강요하는 풍토를 개혁한다. 그 대신 산업화와 도시화에 필요한 과목들을 도입하고 선태과목 수를 넓혔다. 이런 변화를 미국의 유수한 대학들이 본뜨면서 하버드대학은 대학의 표준 모형으로 자리 잡았다.

그런데 이런 개혁을 뒷받침한 것은 다름 아닌 돈이었다. 엘리엇은 기업가들에게 후원을 받아 건물을 짓고 연구 기자재를 들이고 장서를 늘렸다. 하버드대학의 보유 재산은 2009년을 기준으로 260억 달러(29조 원)에 이른다. 돈이 하버드대학을 세계적인 대학으로 변신시켰다고 해도 지나친 말은 아니다.

1890년에 시카고대학을 설립하려는 사람들이 엘리엇에게 일류 대학이 될 수 있는 조건을 물었다. 엘리엇의 대답은 간단했다.

교육은 돈입니다.

토머스 왓슨은 IBM의 기반을 닦은 최고경영자였다. 위에 소개한 경구는 실수로 회사 돈 1000만 달러를 날린 중역에게 토머스 왓슨이 한 말이다. 이 중역은 잘못 들었나 싶었을 것이다. 해고를 각오했는데 전혀 뜻밖인 말을 들었으니까. 리더십 전문가인 워런 베니스와 로버트 토머스는 사원에 대한 교육의 중요성을 강조할 때 이 일화를 소개한다.

1983년 GE 회장인 잭 웰치는 크로톤빌 연수원을 재건하는 데 드는 4600만 달러짜리 지출 계획에 서명하면서 투자 회수 기간에 '무한'이라고 적었다. 이 이야기에서 우리는 '인재 발굴과 육성은 비용과 효과 차원을 넘어선 기업의 생존 문제'라는 숨은 뜻을 읽는다. 크로톤빌 연수원이 'GE의 심장부', '인재 사관학교'라 불리는 이유를 짐작할 수 있다.

당시 잭 웰치의 사무실에는 '전략보다 사람이 먼저다 People First, Strategy Second'라는 격언이 걸려 있었다. 그는 인재 경영에 관해 질문받을 때마다 "나는 내 시간의 70퍼센트 이상을 인재 육성에 사용한다"라고 답하기도 했다.

오늘날 많은 기업들이 사원 교육에 투자하고 있다. 더 많이 투자해도 아깝지 않은 결과를 가져올 것이다.

참고 문헌

《99%의 롤모델》, 권홍우, 인물과사상사, 2010

《광기와 천재》, 고명섭, 인물과사상사, 2007

《권력과 리더십》 2권, 강준만 · 송기도, 인물과사상사, 1999

《권력과 리더십》 6권, 송기도 · 양승윤 · 이한규 · 김승수 · 고흥근 · 정은
　　숙 · 홍완석, 인물과사상사, 2000

《뇌》, 베르나르 베르베르, 이세욱 옮김, 열린책들, 2006

《리더십 삼국지에 길을 묻다》, 박광희, 천케이, 2008

《리더십을 키워주는 위대한 인물》, 박애라, 채우리, 2001

《미국사 산책》 8권, 강준만, 인물과사상사, 2010

《미국사 산책》 9권, 강준만, 인물과사상사, 2010

《사례로 배우는 리더십》, 백기복, 국민대 출판부, 2006

《상상력 사전》, 베르나르 베르베르, 이세욱 · 임호경 옮김, 열린책들,
　　2011

《성경 속 인물에게 배우는 리더십 43가지》 변성환, 김&정, 2008

《세상을 가지고 노는 힘 유머력》, 최규상, 북카라반, 2008

《세종처럼》, 박현모, 미다스북, 2008

《스티브 잡스》, 월터 아이작슨, 안진환 옮김, 민음사, 2011

《승리하는 리더》, 윌리엄 코헨, 라성호 옮김, 21세기군사연구소, 2003

《아웃라이어》, 말콤 글래드웰, 노정태 옮김, 김영사, 2009

《역사에서 리더를 만나다》, 유필화, 흐름출판, 2010

《티핑 포인트》, 말콤 글래드웰, 임옥희 옮김, 21세기북스, 2004

《잭 웰치-위대한 승리》, 잭 웰치 · 수지 웰치, 김주현 옮김, 청림출판, 2005

Drew Westin, *The Political Brain: The Role of Emotion in Deciding the Fate of the Nation*(New York: PublicAffairs, 2007), p.71.

Irving L. Janis, Groupthink: *Psychological Studies of Policy Decisions and Fiascoes*, 2nd ed.(Boston, Mass.: Houghton Mifflin Co., 1982), p.40.

John W. Gardner, *On Leadership*(New York: The Free Press, 1990), p.63.

Nitin Nohria & James D. Berkley, Whatever Happened to the Take-Charge Manager?, *Harvard Business Review on Leadership*(Cambridge, MA:

Harvard Business School Press, 1998), pp.207-208.

Richard Wolffe, *Renegade: The Making of a President*(New York: Three Rivers Press, 2009), pp.60-62.

Scott Collins, *Crazy Like a Fox: The Inside Story of How Fox News Beat CNN*(New York: Portfolio, 2004), p.34.

Warren G. Bennis & Robert J. Thomas, Geeks & Geezers: *How Era, Values, and Defining Moments Shape Leaders*(Boston, Mass.: Harvard Business School Press, 2002), p.173.